Traduzidos dos respectivos originais, com introduções e notas explicativas, esta colecção põe o leitor em contacto com textos marcantes da história da filosofia.

TEXTOS FILOSÓFICOS

1. *Crítica da Razão Prática*, Immanuel Kant
2. *Investigação sobre o Entendimento Humano*, David Hume
3. *Crepúsculo dos Ídolos*, Friedrich Nietzsche
4. *Discurso de Metafísica*, Immanuel Kant
5. *Os Progressos da Metafísica*, Immanuel Kant
6. *Regras para a Direcção do Espírito*, René Descartes
7. *Fundamentação da Metafísica dos Costumes*, Immanuel Kant
8. *A Ideia da Fenomenologia*, Edmund Husserl
9. *Discurso do Método*, René Descartes
10. *Ponto de Vista Explicativo da Minha Obra de Escritor*, Sören Kierkegaard
11. *A Filosofia na Idade Trágica dos Gregos*, Friedrich Nietzsche
12. *Carta sobre a Tolerância*, John Locke
13. *Prolegómenos a Toda a Metafísica Futura*, Immanuel Kant
14. *Tratado da Reforma do Entendimento*, Bento de Espinosa
15. *Simbolismo: Seu Significado e Efeito*, Alfred North Withehead
16. *Ensaio sobre os Dados Imediatos da Consciência*, Henri Bergson
17. *Enciclopédia das Ciência Filosóficas em Epítome (Vol. I)*, Georg Wilhelm Friedrich Hegel
18. *A Paz Perpétua e Outros Opúsculos*, Immanuel Kant
19. *Diálogo sobre a Felicidade*, Santo Agostinho
20. *Princípios da Filosofia do Futuro*, Ludwig Feuerbach
21. *Enciclopédia das Ciência Filosóficas em Epítome (Vol. II)*, Georg Wilhelm Friedrich Hegel
22. *Manuscritos Económico-Filosóficos*, Karl Marx
23. *Propedêutica Filosófica*, Georg Wilhelm Friedrich Hegel
24. *O Anticristo*, Friedrich Nietzsche
25. *Discurso sobre a Dignidade do Homem*, Giovanni Pico della Mirandola
26. *Ecce Homo*, Friedrich Nietzsche
27. *O Materialismo Racional*, Gaston Bachelard
28. *Princípios Metafísicos da Ciência da Natureza*, Immanuel Kant
29. *Diálogo de um Filósofo Cristão e de um Filósofo Chinês*, Nicholas Malebranche
30. *O Sistema da Vida Ética*, Georg Wilhelm Friedrich Hegel
31. *Introdução à História da Filosofia*, Georg Wilhelm Friedrich Hegel
32. *As Conferências de Paris*, Edmund Husserl
33. *Teoria das Concepções do Mundo*, Wilhelm Dilthey
34. *A Religião nos Limites da Simples Razão*, Immanuel Kant
35. *Enciclopédia das Ciência Filosóficas em Epítome (Vol. III)*, Georg Wilhelm Friedrich Hegel
36. *Investigações Filosóficas sobre a Essência da Liberdade Humana*, F. W. J. Schelling
37. *O Conflito das Faculdades*, Immanuel Kant
38. *Morte e Sobrevivência*, Max Scheler
39. *A Razão na História*, Georg Wilhelm Friedrich Hegel
40. *O Novo Espírito Científico*, Gaston Bachelard
41. *Sobre a Metafísica do Ser no Tempo*, Henrique de Gand
42. *Princípios de Filosofia*, René Descartes
43. *Tratado do Primeiro Princípio*, João Duns Escoto
44. *Ensaio sobre a Verdadeira Origem, Extensão e Fim do Governo Civil*, John Locke
45. *A Unidade do Intelecto contra os Averroístas*, São Tomás de Aquino
46. *A Guerra e A Queixa da Paz*, Erasmo de Roterdão
47. *Lições sobre a Vocação do Sábio*, Johann Gottlieb Fichte
48. *Dos Deveres (De Officiis)*, Cícero
49. *Da Alma (De Anima)*, Aristóteles
50. *A Evolução Criadora*, Henri Bergson
51. *Psicologia e Compreensão*, Wilhelm Dilthey
52. *Deus e a Filosofia*, Étienne Gilson
53. *Metafísica dos Costumes, Parte I, PrincípiosMetafísicos da Doutrina do Direito*, Immanuel Kant
54. *Metafísica dos Costumes, Parte II, Princípios Metafísicos da Doutrina da Virtude*, Immanuel Kant
55. *Leis. Vol. I*, Platão
56. *Leis. Vol. II*, Platão
57. *Leis. Vol. III*, Platão
58. *Diálogos sobre a Religião Natural*, David Hume
59. *Sobre a Liberdade*, John Stuart Mill
60. *Dois Tratados do Governo Civil*, John Locke
61. *Nova Atlântida* e *A Grande Instauração*, Francis Bacon
62. *Do Espírito das Leis*, Montesquieu
63. *Observações sobre o sentimento do belo e do sublime* e *Ensaio sobre as doenças mentais*, Immanuel Kant
64. *Sobre a Pedagogia*, Immanuel Kant
65. *Pensamentos Filosóficos*, Denis Diderot
66. *Uma Investigação Filosófica acerca da Origem das nossas Ideias do Sublime e do Belo*, Edmund Burke
67. *Autobiografia*, John Stuart Mill
68. *Explicação do Pai Nosso*, Martinho Lutero
69. *Arrependimento e Renascimento*, Max Scheler
70. *Discurso sobre as Ciências e as Artes* seguido de *Cartas sobre a Polémica*, Jean-Jacques Rousseau

Diálogos sobre a Religião Natural

Título original:
Dialogues concerning Natural Religion

Tradução: Álvaro Nunes

Capa: FBA

Depósito Legal n.º 230367/05

Biblioteca Nacional de Portugal – Catalogação na Publicação

HUME, David, 1711-1776

Diálogos sobre a religião natural. – (Textos filosóficos; 58)
ISBN 978-972-44-2182-7

CDU 141

Impressão e acabamento:
MANUEL A. PACHECO
para
EDIÇÕES 70
setembro de 2005

EDIÇÕES 70, uma chancela de Edições Almedina, S.A.
Avenida Engenheiro Arantes e Oliveira, 11 – 3º C - 1900-221 Lisboa / Portugal
e-mail: geral@edicoes70.pt

www.edicoes70.pt

David Hume

Diálogos sobre a Religião Natural

70

Índice

Introdução

Vida e obra de David Hume

David Hume nasceu a 7 de Maio de 1711, em Edimburgo, numa família de pequenos proprietários rurais. Em *A Minha Vida*, a pequena autobiografia que escreveu pouco antes de morrer, em Agosto de 1776, conta que devido ao seu temperamento estudioso e ao seu gosto pelas letras a família mandou-o estudar Direito para a Universidade de Edimburgo. No entanto, Hume sentiu pelo estudo do Direito uma «aversão insuperável» e, em vez disso, decidiu dedicar-se exclusivamente à filosofia. Mudou-se para França, para a cidade de La Flèche, em cujo colégio jesuíta Descartes estudara, e aí, entre os anos de 1734 e 1737, escreveu a sua primeira e – unanimemente considerada – mais importante obra, o *Tratado da Natureza Humana*, na qual apresenta uma filosofia de cariz empirista, naturalista e céptico. Regressou a Inglaterra e em 1739 e 1740 publicou o *Tratado*, que, segundo ele, foi um nado-morto e não despertou qualquer interesse ou críticas, como diz, dos fanáticos. Apesar deste insucesso, publicou em 1741 e 1742 os *Ensaios Morais e Políticos*, que tiveram melhor recepção do público. Em

1744, candidatou-se ao lugar de professor de Filosofia Moral e Pneumática em Edimburgo e, seis anos mais tarde, ao de Lógica, em Glasgow. Os seus opositores defenderam, com base no *Tratado*, que Hume era herético, céptico e ateu, o que foi mais do que suficiente para que em ambos os casos o lugar não lhe fosse atribuído. Depois disso, durante cerca de um ano foi tutor do Marquês de Annandale, que descobriu ser louco, e, convidado para seu secretário, participou com o general James St. Clair numa expedição militar contra o Quebec francês, que acabou por se transformar num ataque infrutífero à costa francesa. Hume voltou a acompanhar St. Clair numa missão diplomática a Viena e Turim, em 1748.

Convencido de que o desaire do *Tratado* se devia mais ao estilo do que às ideias nele apresentadas, reformulou o Livro I (sobre o entendimento humano) e o Livro III (sobre a moral) e em 1748 e 1751 publicou-os com os títulos de *Ensaios Filosóficos sobre o Entendimento Humano* (mais tarde *Investigação sobre o Entendimento Humano*) e *Investigação sobre os Princípios da Moral*. Em 1752 publicou os *Discursos Políticos* e, entre 1754 e 1762, depois de ter sido nomeado bibliotecário da Biblioteca da Faculdade dos Advogados de Edimburgo, publicou uma *História de Inglaterra* em seis volumes, que abrange o período desde a invasão de Júlio César à revolução de 1688, e que, apesar dos lamentos de Hume a propósito da sua recepção inicial, lhe trouxe reconhecimento público e independência financeira. Em 1757, saíram as *Quatro Dissertações* (uma das quais era a *História Natural da Religião*, o texto mais importante que Hume publicou em vida acerca da religião). Em 1763, aceitou o convite do embaixador em França, Lorde Hertford, para ser o seu secretário particular. Esteve três anos em Paris, onde foi também secretário de embaixada e encarregado de negócios. Durante este período, conheceu e conviveu com alguns dos principais pensadores franceses do seu tempo, como Diderot, D'Alembert e d'Holbach.

No regresso a Inglaterra, em 1766, deu refúgio a Rousseau, que era perseguido na Suíça. No entanto, Rousseau, devido ao seu carácter paranóico, rapidamente acusou Hume de má-fé e de conspirar contra ele, e a amizade acabou em desavença. Após ter desempenhado, em Londres, nos anos de 1767 e 1768, o cargo de sub-secretário de estado do Departamento do Norte, Hume retirou-se para a sua cidade natal, onde viveu confortavelmente os seus últimos anos, revendo e preparando as suas obras para novas edições. Em 1775 adoeceu, julga-se que com cancro intestinal. Suportou calma e pacificamente a doença que rapidamente percebeu ser incurável, tendo vindo a morrer a 25 de Agosto de 1776.

Depois da morte de Hume foram publicados vários escritos seus até aí inéditos. O primeiro foi a sua autobiografia, *A Minha Vida*. Em 1779 foram publicados os *Diálogos sobre a Religião Natural* e, por fim, em 1782, os dois ensaios originalmente escritos para as *Dissertações* de 1757 ("Do Suicídio" e "Da Imortalidade da Alma") e que tinham sido retirados devido à polémica que provocaram.

Apesar dos lamentos constantes que percorrem a sua autobiografia acerca da forma como a sua obra foi recebida pelos seus contemporâneos, a sua reputação cresceu ao longo da sua vida, a ponto de ser considerado uma das principais figuras das letras do seu tempo e o mais importante filósofo de língua inglesa de todos os tempos.

A importância dos escritos sobre religião na obra de Hume

A importância que Hume confere aos temas religiosos, algumas vezes negada no passado, está fora de questão. Hume não escreveu tão profusamente acerca de qualquer outro assunto, com excepção da história([1]). O teor dos seus textos é, na maior parte das vezes, crítico. As secções X e XI ("Dos Milagres" e "De uma Providência particular e de um estado futuro") da *Investigação sobre o Entendimento Humano* atacam, sucessivamente, a existência de milagres e a hipótese do desígnio, que constituíam os principais suportes da religião revelada e da religião natural no século XVIII. Outros ensaios, dispersos por várias obras ou nunca publicados durante a sua vida, também versam sobre religião. É o caso do ensaio "Da Superstição e do Entusiasmo", incluído nos *Ensaios Morais e Políticos* e dirigido contra aquilo a que chama as duas corrupções da verdadeira religião, a superstição, que associa com o catolicismo, e o entusiasmo, que atribui a todas as religiões que resultaram da Reforma; "Do Suicídio", onde defende que o suicídio não é imoral nem irreligioso; e "Da Imortalidade da Alma", onde afirma haver boas razões para julgar que a alma é mortal. As suas duas principais obras sobre a religião, a *História Natural da Religião* e os *Diálogos sobre a Religião Natural*, expõem as causas psicológicas e sociológicas das crenças religiosas e examinam os fundamentos racionais da crença em Deus. Também o *Tratado sobre a Natureza Humana*, embora não incida directamente sobre religião, tem consequências que não podem ser menosprezadas. A análise da relação de causa e efeito, na Parte 3 do Livro I, que a reduz a um mero mecanismo psicológico sem correspondência na natureza das coisas, levanta dificuldades ao argumento cosmológico; e a análise da ideia de existência, na secção VI da Parte 2 do Livro I, conduz à conclusão de que a existência não é um predicado, uma ideia que Kant irá explorar para criticar directamente o argumento ontológico. Mesmo a *Investigação*

([1]) Cf. James Noxon, *Hume's Philosophical Development*, p. 165 e J. C. A. Gaskin, 'Hume on Religion', in *The Cambridge Companion to Hume*, p. 313 e *Hume's Philosophy of Religion*, p. 1.

sobre os Princípios da Moral, embora não seja uma obra sobre religião, tem implicações de grande importância para a religião, porque apresenta uma moral naturalista e secular.

Desta forma, Hume trata a maior parte das questões clássicas da filosofia da religião (a existência de Deus, os milagres, o problema do mal, a origem do fenómeno religioso e as relações da religião com a moral) e devido ao seu pendor crítico, no conjunto, a sua obra constitui um ataque de grande extensão aos principais dogmas e argumentos da religião. Neste contexto, os *Diálogos sobre a Religião Natural* surgem como a principal e mais formidável peça de um ataque, cuja dimensão só pode ser compreendida pela leitura conjunta dos inúmeros livros, ensaios e cartas pelos quais, directa ou indirectamente, esse ataque se estende. Apesar disso, devido à relevância dos temas discutidos, à profundidade da argumentação, à originalidade e importância das conclusões, os *Diálogos*, mesmo considerados isoladamente, são uma obra essencial para a compreensão do pensamento de Hume sobre religião e para a discussão contemporânea dos principais problemas de filosofia da religião, o que lhes confere um estatuto sem paralelo entre as obras desta área da filosofia.

Os Diálogos

Os *Diálogos* foram escritos nos primeiros anos da década de 50 do século XVIII, mais ou menos na mesma altura da *História Natural da Religião*, e Hume reviu-os pelos menos duas vezes, por volta de 1760 e pouco antes de morrer. Nos anos que se seguiram à sua redacção, mostrou-os a vários amigos, os quais, tendo em conta as reacções que poderiam gerar junto dos defensores mais zelosos da religião, o aconselharam a não os publicar. Hume acatou este conselho durante mais de vinte anos, mas quando percebeu que a doença que o afectava era incurável e conduziria irremediavelmente ao seu fim, tomou medidas cuidadosas e detalhadas para assegurar que seriam publicados após a sua morte. No seu testamento, deixou-os primeiro a Adam Smith, de quem era amigo, e como este sempre mostrou relutância em publicá-los, deixou-os em seguida ao seu editor, William Strahan, com a indicação de que se não fossem publicados no espaço de três anos após a sua morte, passariam para a posse do seu sobrinho para que o fizesse. Os *Diálogos* acabaram por ser publicados pelo sobrinho de Hume em 1779, três anos após a sua morte([2]).

São cinco as personagens dos *Diálogos*. Duas delas, Pânfilo e Hérmipo, têm um papel diminuto. Pânfilo é o narrador. É a ele que cabe fazer algumas considerações sobre o método de exposição adoptado, a natureza do tema tratado e, no final, um balanço dos pontos de vista discutidos. O papel de Hérmipo é ainda menor: é apenas o interlocutor a quem a narrativa de Pânfilo se dirige e, por esse motivo, não intervém na obra.

As personagens mais importantes, as que participam activamente na discussão, são Cleantes, que defende o ponto de vista teísta tradicional e, em particular, o argumento do desígnio; Demea, o místico que propõe uma versão *a priori* do argumento cosmológico; e Fílon, o céptico que advoga a suspensão do juízo em matéria de religião.

Tem-se discutido abundantemente a origem dos seus nomes, quem representam e, em particular, que personagem representa Hume.É possível que, como afirma Kemp Smith, Hume tenha sido influenciado pelo *De Natura Deorum* de Cícero([3]) e que os

---

([2]) Para uma descrição detalhada deste aspecto e, de um modo geral, para tudo o que rodeia a produção e a publicação dos *Diálogos*, a melhor fonte é ainda a longa introdução de Norman Kemp Smith à sua edição dos *Diálogos*.

([3]) Marco Túlio Cícero, *Da Natureza dos Deuses*, Lisboa: Vega, 2004.

nomes das suas personagens aí tenham origem([4]). Outra hipótese, sugerida por J. C. A. Gaskin, é a de que, apesar da relação com Cícero, Hume tenha escolhido os nomes da maior parte das suas personagens ao acaso ou os tenha encontrado juntos num dos seus autores clássicos favoritos([5]). Em todo o caso, como afirma Gaskin, nem as personagens de Hume representam as escolas presentes no diálogo de Cícero, nem os argumentos das suas personagens são os utilizados no *Da Natureza dos Deuses*.

Mais interessante e mais importante para a compreensão dos *Diálogos* é a questão de saber quem representam as personagens e, sobretudo, qual delas é porta-voz de Hume. De uma maneira geral, os especialistas pensam que Joseph Butler, o filósofo do seu tempo por quem Hume tinha mais admiração, foi o modelo para Cleantes, e que Samuel Clarke([6]), que apresentou nas conferências de Boyle de 1704 e 1705 uma prova *a priori* da existência de Deus, constituiu o modelo para Demea. O modelo para Fílon foi, na opinião da generalidade dos comentadores, o próprio Hume. Esta ideia é de algum modo confirmada por Hume numa carta a Sir Gilbert Elliot, na qual lhe pede ajuda para a composição dos argumentos dos *Diálogos* e lhe sugere que assuma a posição

([4]) «Os três protagonistas no diálogo de Cícero são Cota, *o Académico* ou *Céptico*, Balbo, *o Estóico*, que representa a ortodoxia, e Veleio, *o Epicurista*. Nos *Diálogos* de Hume, Fílon corresponde a Cota e Cleantes a Balbo. A escolha de Hume dos nomes 'Fílon' e 'Cleantes' foi provavelmente determinada pela circunstância de Fílon ser o nome do professor de Cota e Cleantes ser um dos mestres filosóficos de Balbo.» (Kemp Smith (org.), *Hume's Dialogues*, p. 60).

([5]) «Nos *Diálogos de Cortesãs* de Luciano, três personagens fictícias – Pânfilo, 'um jovem', Fílon, 'um armador' e Demea, 'um general' – são mencionados na mesma página.» (J. C. A. Gaskin (org..), *Dialogues and Natural History of Religion*, Oxford: Oxford University Press, 1993, p. XX).

([6]) Cf. nota da página 94.

de Cleantes, ficando ele próprio com a personagem de Fílon, que confessa poder assumir com naturalidade([7]). Embora Fílon represente Hume não é, no entanto, o seu único representante. Cleantes, nas passagens em que está de acordo com Hume e, em particular, naquelas em que se opõe a Demea – como é o caso quando na Parte X refuta, com argumentos claramente humeanos, o argumento *a priori* – também representa Hume. E o mesmo acontece, embora menos vezes, com Demea([8]).

Os temas dos Diálogos

O tema central dos *Diálogos* é a natureza de Deus, ou melhor, a questão de saber se, como os teístas afirmam, a causa do universo é um ser sumamente bom, poderoso e sábio. A propósito deste tema, Hume aborda um conjunto de problemas de grande importância para a filosofia da religião. O argumento do desígnio, cuja discussão começa na Parte II e se prolonga até à Parte VIII, tem um lugar tão central que é frequente os *Diálogos* serem tratados como uma obra exclusivamente sobre esse problema. Mas entre os grandes temas dos *Diálogos* estão também aquilo a que Hume chama o argumento *a priori* (uma versão do argumento de Samuel Clarke, acima referido), tratado na Parte IX; o problema do mal, discutido nas Partes X e XI; e as relações entre a religião e a moral, que constituem o tema da Parte XII e última dos *Diálogos*. Todos estes problemas têm hoje um lugar de relevo na filosofia da religião e, em alguns casos, a discussão ainda hoje se processa em moldes muito idênticos aos dos *Diálo-*

([7]) Kemp Smith (org.), *Hume's Dialogues*, p. 88.

([8]) Cf. David O'Connor, *Routledge Philosophy Guidebook to Hume on Religion*, Posfácio. Este livro constitui uma introdução e uma discussão bastante detalhada dos *Diálogos*.

gos. No entanto, mais do que a relevância dessas questões para a filosofia da religião, o que cativa o leitor dos *Diálogos* é a sua relação com problemas que interessam ao homem desde tempos imemoriais: O que é o mundo? É a obra de um espírito ou do turbilhão da matéria e das forças cegas da natureza? E qual o nosso lugar nele? Haverá uma finalidade para a nossa existência ou somos apenas o resultado fortuito de leis cósmicas que causarão o nosso fim com tanta indiferença quanto aquela com que nos deram origem? Estas questões fascinaram os pensadores da Antiguidade e inspiram grande parte da investigação actual em cosmologia. Os *Diálogos* entroncam firmemente nesta tradição e após séculos em que a religião determinou totalmente o tratamento deste tipo de assuntos o leitor moderno não pode deixar de se sentir encantado por ver surgir uma obra que retoma a discussão destas questões fundamentais com a liberdade intelectual e a profundidade dos filósofos da Antiguidade.

O argumento do desígnio

Todas as religiões são, de uma maneira geral, compostas por *verdades religiosas*, afirmações consideradas pelos fiéis como indiscutivelmente verdadeiras, e por *rituais* – cerimónias com que esses fiéis adoram a divindade. Por sua vez, as verdades religiosas podem, quanto à forma como as conhecemos, ser *verdades reveladas*, verdades de que o crente tem conhecimento por revelação divina, ou *verdades de razão*, isto é, verdades que podem ser conhecidas meramente pela razão, independentemente de serem ou não também conhecidas por revelação. A Santíssima Trindade é um bom exemplo do primeiro tipo de verdades e a existência de Deus do último tipo. As primeiras são, por esse motivo, objecto da *religião revelada*, ao passo que as últimas são objecto da *religião natural* ou *teologia natural*.

Embora as verdades reveladas sejam o elemento central da tradição religiosa ocidental, os teólogos e os filósofos cristãos procuraram, desde muito cedo e tendo por ponto de partida a filosofia grega antiga, formular argumentos para provar a existência de Deus. Desses argumentos, os mais conhecidos são o argumento ontológico de Santo Anselmo, o argumento cosmológico e o argumento do desígnio. De todos, o argumento do desígnio é histórica e filosoficamente o mais importante.

A ideia de desígnio, mesmo na sua forma mais sofisticada, é muito antiga. Tem as suas raízes nas especulações filosóficas gregas acerca da natureza do universo. Ocorre primeiro em Platão, nos diálogos *Fédon* (97 c) e *Timeu* (46 d-e), e depois em Aristóteles, que faz dela uma das suas quatro causas, a causa final([9]). Aparece de seguida em Cícero([10]), que realça a complexidade dos seres vivos, chama a atenção para a sua semelhança com os artefactos humanos e conclui que não podem ter tido uma origem casual. No mundo medieval cristão, a ideia volta a surgir na última das 'Cinco Vias' com que S. Tomás de Aquino pretende provar a existência de Deus([11]). A ciência moderna, que resultou da revolução científica do século XVII, tendeu a rejeitar as explicações finalistas, mas algumas ciências então emergentes, como a astronomia, a química ou a biologia, forneceram exemplos de sistemas de tal modo complexos que pareceu impossível que pudessem ter resultado do acaso ou das meras leis da natureza. Isto tornou o argumento do desígnio tão popular, mesmo entre os cientistas, que era unanimemente considerado uma

([9]) Por exemplo, na *Física*, II, 194 b.

([10]) *Da Natureza dos Deuses*, II, 34-35 e 37. E também, por exemplo, antes, em II, 15, a propósito da ordem do universo. O Livro II, no qual é exposto o ponto de vista estóico acerca da natureza dos deuses, contém um grande número de referências mais ou menos explícitas ao argumento do desígnio.

([11]) *Suma Teológica*, Parte 1, Questão 2, Artigo 3.

prova incontestável da existência de Deus([12]). As ciências naturais e a teologia natural tornaram-se assim duas faces da mesma moeda, com as primeiras a fornecer os exemplos em que se apoiavam as pretensões da segunda. É neste contexto de optimismo, mas também de dogmatismo religioso, em que religião revelada e religião natural, verdades de fé e verdades de razão, se unem para afirmar a existência de Deus e os seus ditames morais, que os *Diálogos* surgem em 1779. Hume já tinha antes atacado a religião natural. Na Secção XI da *Investigação sobre o Entendimento Humano*, embora de forma breve, põe em causa o argumento do desígnio e a sua suposta capacidade de provar a existência de uma causa inteligente do universo. Os *Diálogos* alargam e refinam esse ataque à pretensa racionalidade das crenças religiosas([13]).

O argumento do desígnio é, tal como o argumento cosmológico, um argumento baseado no mundo físico. Mas, ao contrário do argumento cosmológico, não procura inferir a existência de Deus da existência do mundo e da suposta necessidade de este, como tudo o mais, ter uma causa. Procura antes provar a existência de Deus a partir da ordem e do desígnio que o mundo revela. Além disso, o argumento do desígnio é um argumento *a posteriori*, isto é, um argumento cujas premissas são estabelecidas com base na experiência. Por este motivo, pode apenas aspirar a mostrar que a existência de Deus tem um grau elevado de probabilidade.

É costume distinguir duas versões do argumento do desígnio, consoante o argumento ponha ênfase na ordem do

([12]) Por exemplo, por Newton, que via a mecânica celeste como uma prova da existência de desígnio e formulou tanto uma versão cosmológica como uma versão biológica do argumento do desígnio. Cf. Niall Shanks, *God, the Devil, and Darwin*, pp. 33-35.

([13]) A melhor obra sobre a história do conceito e do argumento do desígnio é talvez o livro de Michael Ruse, *Darwin and Design: Does Evolution Have a Purpose?*

mundo ou na adequação dos objectos aos fins. À primeira versão do argumento chama-se *nomológica*, da palavra grega *nomos*, que significa norma ou lei; à segunda chama-se *teleológica*, da palavra grega *telos*, que significa fim ou propósito. Assim, o argumento do desígnio pode ser uma tentativa de provar a existência de Deus a partir da ordem do mundo, caso em que estaremos perante a versão nomológica do argumento, ou a partir da existência de um propósito ou fim, seja no mundo como um todo, seja numa classe de seres do mundo, como os organismos vivos, caso em que se faz apelo à versão teleológica do argumento([14]). Hume oscila, por vezes, entre uma e outra versão, mas, na maior parte dos casos, não faz qualquer distinção entre ambas e é até frequente as duas versões surgirem juntas.

A apresentação que Cleantes faz do argumento na Parte II dos *Diálogos* é, justamente, famosa:

> Olhai o mundo em redor. Contemplai-o no todo e em cada uma das suas partes. Verificareis que é apenas uma grande máquina, subdividida num número infinito de máquinas menores, que admitem novas subdivisões num grau que ultrapassa o que os sentidos e as faculdades humanas podem investigar e explicar. Todas estas diversas máquinas, e mesmo as suas partes mais pequenas, estão ajustadas umas às outras com uma precisão que fascina todos aqueles que já as contemplaram. Por toda a natureza, a extraordinária adaptação dos meios aos fins assemelha-se exactamente, embora as exceda em muito, às produções da invenção, desígnio, pensamento, sabedoria e inteligência humanas. Por consequência, uma vez que os efei-

([14]) Esta distinção aparece, por exemplo, em J. C. A. Gaskin, *Hume's Philosophy of Religion*, p. 13. Uma distinção diferente é a que Niall Shanks faz em *God, the Devil, and Darwin* (pp. 15 e 22) entre dois géneros de argumento do desígnio, cosmológico e biológico, consoante as estruturas de que o argumento parte sejam de um tipo ou do outro. Nunca houve e continua a não haver uma versão padrão do argumento.

tos são semelhantes, somos levados a inferir, por todas as regras da analogia, que as causas também são semelhantes e que o Autor da natureza é um pouco similar à mente humana, embora dotado de faculdades muito mais vastas, proporcionais à grandeza da obra que executou. Por este argumento *a posteriori* e apenas por este argumento, provamos ao mesmo tempo a existência de uma Deidade e a sua semelhança com uma mente e uma inteligência humanas. (*Diálogos*, II, 28)([15])

Nesta passagem, a partir da semelhança entre os artefactos, isto é, os objectos produzidos pelos seres humanos, e os objectos naturais, Cleantes procura estabelecer a semelhança da causa do universo com os seres humanos. O argumento, livre da informação adicional que o rodeia, pode ser enunciado assim:

Primeira premissa: o mundo revela ordem, organização e um completo ajustamento de todas as suas partes.

Segunda premissa: o mundo, embora num grau muito superior, assemelha-se às produções dos seres humanos e, tal como estas, tem um propósito ou desígnio.

Conclusão: existe um autor do mundo, e esse autor, embora com poderes muito maiores, proporcionais à obra que realizou, é semelhante aos seres humanos.

Neste argumento, a segunda premissa é de importância capital. E isto por duas razões: 1) ao estabelecer a semelhança entre objectos naturais e artificiais faz do argumento um argumento por analogia; e, graças a isso, 2) permite afirmar

([15]) A exposição mais famosa e discutida do argumento do desígnio – e que no essencial é semelhante à de Hume – é a de William Paley na obra *Natural Theology, or Evidence of the Existence and Attributes of the Deity, collected from the Appearances of Nature*, publicada em 1802, vinte e três anos depois dos *Diálogos*, aparentemente no mais completo desconhecimento da crítica de Hume.

que, tal como os artefactos, o mundo também tem desígnio. Não é de estranhar, por isso, que boa parte das críticas de Hume ao argumento sejam dirigidas contra esta segunda premissa. Mas, antes de avançarmos para essas críticas, vejamos um pouco melhor o que caracteriza os argumentos por analogia.

Os argumentos por analogia são um dos tipos de argumentos indutivos e, por isso, não podem demonstrar que a conclusão é verdadeira, mas apenas mostrar que é provável que seja verdadeira. Outra característica importante dos argumentos por analogia é que a sua força depende da informação disponível e, sobretudo, da relevância dessa informação para a conclusão que procura estabelecer. Vejamos melhor o que isto significa.

Um argumento por analogia tem, normalmente, uma forma como a seguinte:

> As entidades *e* têm as propriedades *A*, *B*, *C*, e *Z*.
> A entidade *n* tem as propriedades *A*, *B* e *C*.
> Logo, a entidade *n* tem a propriedade *Z*.

A força de um argumento por analogia depende de várias condições: 1) o grau de semelhança entre as propriedades partilhadas pelas entidades comparadas (se a semelhança é elevada, a probabilidade de a conclusão ser verdadeira é elevada; se a semelhança é baixa, a probabilidade de a conclusão ser verdadeira é também baixa); 2) a relevância das semelhanças para a conclusão a que se pretende chegar (se as propriedades comparadas são semelhantes e são relevantes para o que se pretende concluir, a analogia é forte e a probabilidade da conclusão ser verdadeira também; mas se a analogia não tem qualquer relação com o que se pretende concluir, a probabilidade de a conclusão ser verdadeira é baixa); 3) o número das semelhanças relevantes (quanto maior o número de semelhanças relevantes para a conclusão mais forte é a analogia); 4) a natureza e grau das diferenças (as diferenças podem enfraquecer ou fortalecer o argumento, consoante acentuem ou não a relevância das propriedades para a conclusão). Destas condições, a semelhança entre as entidades comparadas é talvez a mais importante. Não é de admirar, portanto, que algumas das críticas ao argumento do desígnio se centrem neste aspecto e procurem mostrar que a analogia é fraca.

A crítica de Hume ao argumento do desígnio

A crítica de Hume ao argumento do desígnio é muito diversificada. Dada a impossibilidade de, no espaço desta introdução, apresentar – e ainda menos discutir – essa crítica em toda a sua riqueza e detalhe, limitamo-nos a esboçar os principais argumentos.

Fraqueza da analogia

Para Hume, a força de um argumento por analogia é proporcional à semelhança entre os objectos comparados. Quando existe uma exacta semelhança entre os objectos, o argumento tem a máxima força e permite, a partir daquilo que sabemos acerca de uns, estabelecer com toda a certeza algo acerca do outro ou dos outros. Mas, quando não há uma semelhança exacta, a força do argumento diminui em proporção e tanto mais quanto menos semelhantes forem os objectos, tornando, no limite, a analogia extremamente fraca. Assim, «Se vemos uma casa, CLEANTES, concluímos, com a maior das certezas, que teve um arquitecto ou construtor, porque este é precisamente o género de efeito que vimos proceder daquele género de causa.» (*Diálogos*, II, 31). Não é isto, no entanto, que acontece quando comparamos o universo com uma casa. «Mas, certamente não ireis afirmar que o universo se parece de tal modo com uma casa que podemos com a mesma certeza inferir uma causa similar ou que a analogia é aqui completa e perfeita. A dissimilitude é tão impressionante que o máximo a que podeis aspirar neste ponto é a uma suposição, uma conjectura, uma presunção a respeito duma causa similar.» (*Diálogos*, II, 31).

Em resumo, devido ao facto de ter por base uma analogia fraca, o argumento do desígnio, em vez de permitir provar, como pretende Cleantes, que a Divindade é semelhante ao homem, permite apenas conjecturar, supor ou presumir que existe uma semelhança entre ambos. Isto é um resultado bastante mais fraco do que aquele que Cleantes pretendia estabelecer, para quem as diferenças entre os objectos naturais e os artefactos constituíam uma garantia segura de que a causa do universo é uma mente com capacidades imensamente superiores às da mente humana.

A insignificância cósmica da mente e outras objecções

Mesmo admitindo, a título de hipótese, que a analogia entre os artefactos e o universo é forte, daí não decorre que o argumento do desígnio seja bom. O desígnio, diz Hume, é uma das causas existentes na natureza (juntamente com o calor, o frio, a atracção e a repulsão, etc.), e, tanto quanto sabemos, apenas uma das formas como algumas partes da natureza agem sobre outras. Ora, em primeiro lugar, não é legítimo inferir algo acerca do todo a partir unicamente do que sabemos acerca de uma das suas partes, sobretudo se, como é aqui o caso, existe uma grande desproporção entre essa parte e o todo. Em segundo lugar, mesmo admitindo, a título de hipótese, que fosse legítimo passar da parte para o todo, não há qualquer razão para escolher o pensamento e o desígnio, que tudo indica ser um princípio insignificante e limitado. Em terceiro lugar, mesmo admitindo que, ao contrário daquilo que a experiência parece permitir, tivéssemos a certeza de que o pensamento e o desígnio são muito mais comuns no universo, isso não nos permitiria fazer extrapolações relativas ao período da sua formação e concluir que seriam esses mesmos princípios os utilizados nessas circunstâncias([16]).

A singularidade do universo

Uma outra crítica de Hume tem por base a singularidade do universo, destacando assim uma diferença fundamental entre o universo e outras espécies de objectos. O raciocínio de Hume é muito simples. É pela experiência que sabemos que uma espécie de objectos, por exemplo, os artefactos, têm um criador. Com base nisto, quando vemos outro objecto da mesma espécie, outro artefacto, temos boas razões para pensar que este também tem um criador. Mas, no caso do universo esta vantagem não existe. O universo é *único* e, por esse motivo, não temos experiência de outros universos nem da forma como tiveram origem, para que possamos, a partir daí, inferir a sua causa. O princípio por detrás deste argumento é o de que as analogias se dão entre espécies de objectos e não entre objectos singulares. O universo é um objecto singular. Logo, nenhuma analogia se pode fazer a partir dele([17]).

A origem da ordem mental e a regressão ad infinitum

Outra objecção de Hume respeita à capacidade da mente para explicar a ordem do mundo material. Com base no argu-

([16]) Cf. *Diálogos*, II, 35-37.
([17]) Cf. *Diálogos*, II, 38.

mento do desígnio, os teístas explicam a ordem e o arranjo do mundo material por intermédio de uma mente divina que outorga ordem a esse mundo. Mas, para Hume, esta solução é insatisfatória. Por um lado, a ordem do mundo mental carece de justificação tanto quanto a ordem do mundo material; por outro, se, para explicar a ordem do mundo material, remontamos ao mundo mental, por que razão paramos aí? E, se onde paramos é completamente arbitrário, por que razão vamos tão longe? Não seria melhor ficarmo-nos pelo mundo material? Afinal, esse mundo parece tão capaz de conter em si a origem da ordem, quanto o mundo mental ou ideal. «Como poderemos, então, satisfazermo-nos em relação à causa daquele Ser que supondes ser o Autor da natureza ou, segundo o vosso sistema antropomórfico, o mundo ideal, ao qual fazeis remontar o mundo material? Não temos razões idênticas para fazer remontar este mundo ideal a outro mundo ideal ou um novo princípio inteligente? Mas se paramos e não avançamos mais, por que razão ir tão longe? Por que não parar no mundo material? Como podemos dar-nos por satisfeitos sem prosseguir *in infinitum*? E, no fim de contas, que satisfação existe nessa progressão infinita? Relembremos a história do filósofo Indiano e do seu elefante. A nada se aplica melhor do que ao tema actual. Se o mundo material se apoia num mundo ideal similar, este mundo ideal deve apoiar-se nalgum outro, e assim por diante, infinitamente. Seria melhor, portanto, nunca olhar para além do mundo material actual. Ao supor que contém em si mesmo o princípio da sua ordem, afirmamos que é de facto Deus e quanto mais cedo chegarmos a esse Ser divino tanto melhor.» (*Diálogos*, IV, 53).

A finitude dos atributos da Divindade

O princípio segundo o qual efeitos semelhantes provam causas semelhantes e o princípio da proporcionalidade entre causas e efeitos, ambos pressupostos pelo argumento do desígnio, estabelecem várias limitações à natureza da Divindade: 1) uma vez que o universo não é infinito, é impossível, a partir dele, afirmar a infinidade dos atributos de Deus([18]); 2) como é impossível determinar se o universo é perfeito, é impossível atribuir a perfeição à Divindade([19]); 3) mesmo que o universo seja perfeito, é duvidoso que se possa, com base nisso, atribuir ao artífice todas as perfeições da obra, uma vez que o mundo pode ser a obra de muitos deuses, todos mais finitos e imperfeitos do que a sua própria obra([20]); 4) se as divindades são semelhantes aos homens, então é possível que se lhes assemelhem também em outras características físicas e tenham sexo, olhos, bocas, narizes, etc.([21]); 5) por fim, dada a aparente imperfeição do mundo, todas as hipóteses imagináveis para o explicar são possíveis, desde uma divindade infantil a um deus senil, passando por uma divindade inferior e subalterna([22]).

A hipótese do mundo-animal e da Divindade como alma do mundo

Uma outra objecção tem origem no princípio segundo o qual «quando se *observa* que várias circunstâncias conhecidas são semelhantes, as desconhecidas *revelar-se-ão* também semelhantes» (*Diálogos*, VI, 67-68). Fílon infere daí que o universo, como é mais semelhante a um animal do que aos artefactos humanos, é um animal e que Deus, em vez de ser a sua causa, é a sua alma([23]).

([18]) Cf. *Diálogos*, V, 61.
([19]) Cf. *Diálogos*, V, 61.
([20]) Cf. *Diálogos*, V, 62.
([21]) Cf. *Diálogos*, V, 64-65.
([22]) Cf. *Diálogos*, V, 66.
([23]) Cf. *Diálogos*, VI, 68.

A hipótese da geração e vegetação

Outra objecção de Hume parte da maior semelhança que, pelo menos aos seus olhos, o universo revela com os corpos dos animais e das plantas do que com os artefactos. Devido a isso, afirma Fílon, é, pois, mais provável que a sua causa se assemelhe às causas dos primeiros do que às dos últimos, pelo que a sua origem deve ser atribuída à geração ou à vegetação e não a um agente inteligente semelhante aos seres humanos([24]).

A hipótese neo-epicurista ou materialista

Para explicar a origem do universo, todas as hipóteses, mesmo as mais absurdas, desde que consistentes com a experiência, parecem prováveis. É esse, por exemplo, o caso da hipótese epicurista, desde que sofra algumas alterações. Segundo esta hipótese, que Hume afirma ser considerada com razão a mais absurda alguma vez proposta, a matéria e o tempo são infinitos e tudo o que existe tem origem em causas estritamente mecânicas. Mas, se em vez de se considerar a matéria infinita, como fez Epicuro, se supuser que é finita – de modo a que numa duração eterna a mesma ordem e organização das partículas que a compõem possa ocorrer várias vezes – e dotada de movimento próprio, esta hipótese torna-se credível, porque explica igualmente bem a ordem do mundo e o aparente ajustamento dos meios aos fins, mesmo nos seres vivos, sem fazer intervir qualquer forma de desígnio([25]).

Nos *Diálogos* esta hipótese é usada por Fílon apenas para mostrar a fraqueza do argumento do desígnio e para justificar

([24]) Cf. *Diálogos*, VII, 76.
([25]) Cf. *Diálogos*, VIII, 83.

a sua suspensão do juízo, uma vez que, como diz, é tão provável quanto a hipótese teísta. Mas, com Darwin, as coisas mudam de figura. Vejamos porquê.

A crítica darwinista ao argumento do desígnio

No tempo de Darwin, a teoria dominante para explicar os organismos vivos era a teoria da criação especial divina. Segundo esta teoria, Deus teria criado os seres vivos, tal como existem actualmente, por um acto voluntário. Em consequência disso, pensava-se que os seres vivos eram e sempre tinham sido como Deus os criou. O próprio Darwin, durante a sua juventude, pensava que esta teoria era verdadeira. Mas, em 1831, efectuou uma viagem de circum-navegação no navio *HMS Beagle* e nos cinco anos que a viagem durou teve a oportunidade de estudar espécies e *habitats* muito diferentes dos europeus. Nas ilhas Galápagos, os tentilhões chamaram a sua atenção por serem diferentes de ilha para ilha e estarem perfeitamente adaptados ao *habitat* de cada ilha, por exemplo, com bicos diferentes consoante o alimento dominante fosse sementes, frutos ou insectos. Compreendeu que a explicação mais plausível para esta diversidade era a de que os tentilhões tinham evoluído a partir dos primeiros tentilhões que chegaram às ilhas, de modo a adaptarem-se às condições específicas que encontraram. Isto levou-o a abandonar a teoria da criação especial divina e a tornar-se evolucionista. Porém, Darwin não foi o primeiro evolucionista. Antes dele, outros investigadores defenderam igualmente que os seres vivos evoluem. Mas foram incapazes de explicar o mecanismo dessa evolução. Darwin descobriu a explicação quando, já de volta a Inglaterra, leu o *Ensaio sobre as Populações*, de Thomas Malthus. Nesse livro, Malthus afirmava que a população humana cresce numa proporção geométrica enquanto os meios de subsistência crescem numa proporção aritmética, resultando daí uma pressão sobre os recursos ambientais, que origina a pobreza, a fome e a guerra. Darwin aplicou esta ideia aos seres vivos e fez dela o princípio que subjaz à selecção natural: nascem mais seres vivos do que aqueles que o meio ambiente pode sustentar, pelo que aqueles que são dotados de variações que favorecem a sobrevivência, sobrevivem e os outros não. Com o tempo, este processo selectivo faz as espécies evoluírem e dá origem a novas espécies.

Por que razão constitui esta teoria uma objecção ao argumento do desígnio? Porque a selecção natural explica a complexidade dos organismos vivos sem invocar a ideia de um propósito ou de um desígnio e, portanto, sem recorrer a causas sobrenaturais inteligentes. Em vez disso, recorre a processos estritamente naturais: as leis da física aplicadas aos organismos vivos. Mas também porque, ao contrário da hipótese de Fílon – que é uma mera hipótese, formulada apenas para mostrar a possibilidade de explicações alternativas igualmente plausíveis, e assim minar a credibilidade lógica do argumento do desígnio –, a teoria de Darwin é uma explicação efectiva de natureza epicurista e, por isso, dá conteúdo à objecção de Hume tornando-a muito mais poderosa.

O argumento do desígnio na filosofia da religião e nas ciências contemporâneas

O efeito conjugado das críticas de Hume e do darwinismo levou muita gente a pensar que o argumento do desígnio tem de ser definitivamente abandonado. Mas nem todos pensam dessa maneira. Alguns reconhecem que a versão do argumento que Hume discute nos *Diálogos* e que William Paley apresenta em *Teologia Natural* foi seriamente afectada por essas críticas, mas ou julgam possível reformulá-lo de modo a evitar os seus efeitos ou julgam haver factos que só podem ser explicados recorrendo à ideia de um criador inteligente. A versão do argumento do desígnio de Richard Swinburne é um exemplo do primeiro tipo e os *argumentos antrópico-teleológico* e da *complexidade irredutível* são exemplos do segundo. Como o argumento do desígnio é de longe o principal tópico dos *Diálogos* e continua a estar no centro do debate em filosofia da religião, iremos considerar brevemente algumas dessas respostas.

A versão de Richard Swinburne

Swinburne([26]) pensa que há dois tipos de ordem no universo: a *ordem espacial*, a que também chama regularidades de co-presença, e a *ordem temporal* ou regularidades de sucessão, como as leis de Newton. A versão do argumento de Hume tem por base a complexidade dos objectos naturais, sendo, por isso, um argumento que se baseia na ordem espacial. Darwin, ao mostrar como a complexidade dos organismos tem origem nas forças cegas da natureza, embora não tenha destruído completamente esta versão do argumento, tornou-a muito fraca. É, no entanto, possível construir uma versão muito mais forte – uma versão que não seja afectada nem pela crítica de Hume nem pelo darwinismo – tendo por ponto de partida, não a ordem espacial, mas a ordem temporal. Como a existência deste segundo tipo de ordem é extraordinária, pois o universo poderia não obedecer a qualquer lei, é preciso explicar as leis da natureza, ou melhor, o facto de o universo se comportar de acordo com essas leis. Ora, a ciência não pode explicar estas regularidades, porque a explicação científica faz-se sempre por intermédio de outras leis da natureza e são precisamente essas leis que é preciso explicar. Portanto, ou as aceitamos como um

([26]) Cf. *The Existence of God*, p. 153 e ss.

facto bruto e inexplicável ou temos de encontrar outro tipo de explicação. Swinburne pensa que existe outro tipo de explicação, a que chama uma explicação de tipo pessoal: Deus. Como Deus é a explicação mais simples – mais simples, por exemplo, que o universo, que tem muitas características que exigem explicação –, é, por isso, a explicação mais provável.

*As versões baseadas no ajuste perfeito (*fine-tuning*) e na complexidade irredutível*

No último século, o conhecimento científico progrediu bastante e revelou a existência de características do mundo orgânico e inorgânico que pareceram a alguns cientistas, sobretudo físicos e biólogos, demasiado extraordinárias para poderem ser explicadas apenas com base nas leis da natureza. Isso esteve na origem de novas versões do argumento do desígnio, que têm por base as noções de *princípio antrópico*, *ajuste perfeito* e *complexidade irredutível.*

O ajuste perfeito e o argumento antrópico-teleológico

A ideia por detrás desta versão do argumento é simples. As descobertas em astrofísica, cosmologia e biologia revelaram a existência de um número significativo de constantes cósmicas, aparentemente arbitrárias (isto é, que não podem ser determinadas a partir das teorias e têm, pelo menos por agora, de ser determinadas empiricamente), sem as quais o nosso universo seria impossível. Estas constantes revelam um ajuste de tal forma perfeito, que alguns cientistas e filósofos se recusam a aceitar que este seja uma mera coincidência e que, por conseguinte, o universo tenha origem num grande número de acontecimentos acidentais. Isso levou-os a pensar que essas constantes têm por causa um ser pessoal, o único tipo de ser capaz de produzir esses resultados([27]). Dá-se a este argumento o nome de *argumento antrópico-teleológico*, por se basear no princípio antrópico, segundo o qual o universo tem de ser tal que permita a existência de seres conscientes. Uma interpretação fraca deste princípio limita-se a afirmar que se as condições iniciais do universo fossem outras nós não existiríamos e é, em si, relativamente trivial. Mas há outra interpretação, que realça o ajustamento destas condições para a existência de vida e chama a atenção para o facto de uma ligeira variação nos seus valores dar origem a um universo completamente diferente, sugerindo que é muito improvável que a existência humana resulte de uma evolução acidental. Esta interpretação forte do princípio afirma, de maneira muito mais controversa, que nós, os observadores, estamos cá porque o universo foi feito intencionalmente de modo a permitir a existência de seres humanos.

Complexidade irredutível

Enquanto os defensores do argumento antrópico-teleológico chamam a atenção para certas características extraordinárias do universo, os apoiantes da complexidade irredutível procuram mostrar que existem sistemas biológicos a nível molecular que só podem ser explicados se se postular a existência de desígnio inteligente.

([27]) Uma explicação alternativa é sugerida por Martin Rees em *O Nosso Habitat Cósmico*, p. 164 (Lisboa: Gradiva, 2001). Em vez de existir um universo único existe aquilo a que Rees chama um multiverso, isto é, um grande número de universos. Segundo esta hipótese, «o cosmos pode ter algo em comum com uma loja de pronto-a-vestir: se a loja tiver muita roupa em armazém, não ficamos surpreendidos por encontrar um fato que nos sirva. Da mesma forma, se o nosso universo fosse seleccionado num multiverso, os seus aspectos mais «afinados» e com aparência de obedecer a um desígnio nada teriam de surpreendente.»

O melhor e mais conhecido representante desta nova versão do argumento do desígnio é o bioquímico Michael Behe. No livro *Darwin's Black Box*, Behe define «complexidade irredutível» como um «sistema único composto de várias partes bem ajustadas e em interacção, que contribuem para uma função básica, no qual a remoção de qualquer uma das partes faz que o sistema deixe de funcionar»([28]). Como um sistema biológico deste tipo tem, por definição, de surgir de uma só vez e não pode ser o resultado da selecção natural, Behe afirma que a melhor explicação para a sua existência é o desígnio inteligente. Um exemplo de complexidade irredutível artificial são as armadilhas para ratos que, segundo Behe, só funcionam com todos os componentes presentes. Mas há também sistemas biológicos irredutivelmente complexos na natureza. É esse o caso dos cílios e dos flagelos, dispositivos que permitem a alguns tipos de células movimentarem-se. Se esses sistemas fossem ligeiramente alterados, já não funcionariam, pelo que não podem ser o resultado da selecção natural e tiveram de surgir de uma só vez. São, por conseguinte, o resultado da actividade do desígnio inteligente([29]).

O debate em torno do desígnio e do argumento do desígnio, como se vê, não é algo que tenha interessado os filósofos e teólogos num momento particular da história e que depois disso tenha desaparecido para sempre. Este debate continua vivo e caloroso, eventualmente mais vivo e caloroso do que

([28]) *Darwin's Black Box*, p. 39.

([29]) Para uma análise crítica das ideias de Behe veja-se Kenneth R. Miller, "Answering The Biochemical Argument From Design", in Neil A. Manson, *God and Design*, Cap. 16 e Michael Ruse, *Darwin and Design*, p. 313 e ss. Uma análise mais crítica, que identifica os defensores do desígnio inteligente com a ciência criacionista e lhes atribui motivações mais de carácter político do que científico ou filosófico, é a de Niall Shanks em *God, the Devil, and Darwin*, pp. 3 e ss.

no tempo de Hume. Há naturalmente diferenças que resultam, em parte, do progresso científico que entretanto ocorreu e, em parte, da evolução das ideias religiosas. Mas há um aspecto de grande importância que deve ser realçado. Trata-se do facto de as versões modernas do argumento do desígnio, como as que acabámos de ver, já não terem, pelo menos explicitamente, por base os argumentos por analogia. Mesmo que seja possível recuperar esse argumento, como pretendem os defensores destas novas versões, e com ele provar a existência de Deus, uma coisa é certa: esse argumento não procurará provar a existência de uma Divindade semelhante ao homem a partir da analogia entre os artefactos humanos e os objectos naturais. E isto é em parte resultado da crítica de Hume.

O argumento a priori

Na Parte IX dos *Diálogos*, Hume interrompe a sua longa análise do argumento do desígnio para se dedicar ao argumento *a priori*. A versão deste argumento que Hume expõe e ataca é a que Samuel Clarke apresentou nas Conferências de Boyle de 1704, depois publicadas com o título *Uma Demonstração da Existência e dos Atributos de Deus*. O argumento, tal como Hume o põe na boca de Demea, corresponde mais ou menos àquele a que hoje se chama argumento cosmológico:

> Tudo o que existe tem de ter uma causa ou razão da sua existência, uma vez que é absolutamente impossível que uma coisa se produza a si própria ou seja a causa da sua própria existência. Portanto, ao remontarmos dos efeitos às causas temos de percorrer uma sucessão infinita, sem absolutamente nenhuma causa última, ou temos de, por fim, recorrer a uma causa última que exista *necessariamente*. Ora, pode-se provar como se segue que a primeira suposição é absurda: na cadeia ou sucessão infinita de causas e efeitos, cada efeito singular é

> determinado a existir pelo poder e pela eficácia da causa que imediatamente o precedeu; mas a cadeia ou sucessão eterna completa, tomada em conjunto, não é determinada ou causada por nada e, no entanto, é evidente que requer tanto uma causa ou razão quanto qualquer objecto particular que comece a existir no tempo. [...] O que foi então que determinou que algo existisse em vez do nada e que conferiu a uma possibilidade particular a existência, excluindo as restantes? Pressupõe-se que não existem *causas externas*. O *acaso* é uma palavra sem significado. Foi o *nada?* Mas isso nunca pode produzir coisa alguma. Temos, portanto, de recorrer a um Ser necessariamente existente, que traga em si mesmo a Razão da sua existência e que não se pode supor não existir sem uma contradição explícita. Existe consequentemente um tal Ser, isto é, existe uma Deidade. (*Diálogos*, IX, 92)

Embora a crítica a este argumento ocupe substancialmente menos páginas do que a crítica ao argumento do desígnio (apenas a Parte IX, já de si pequena), ela permite a Hume atacar o outro grande sustentáculo racional da religião tradicional e, dessa forma, tornar mais forte a sua defesa da suspensão do juízo. A crítica ao argumento é dirigida às noções de *existência necessária* e de *explicação suficiente* dos efeitos de uma cadeia causal. De notar que, enquanto o ataque ao argumento do desígnio era feito por Fílon, agora a análise crítica está sobretudo a cargo de Cleantes.

Crítica da noção de existência necessária

A crítica de Hume à noção de existência necessária é muito breve e consiste apenas em mostrar que tal noção não tem qualquer significado, porque em *questões de facto*(30) –

(30) Cf. *Investigação sobre o Entendimento Humano*, Secção IV, onde Hume estabelece a distinção entre *relações de ideias* e *questões de facto*.

e a existência é uma questão de facto – o contrário nunca implica contradição e é, por isso, sempre possível. Assim, seja o que for que concebamos como existente também podemos conceber como não-existente. Daqui resulta que não há qualquer existência necessária (isto é, uma existência cujo contrário não seria possível) e, por consequência, também não há qualquer prova *a priori* da sua existência.

Além disso, admitindo, por hipótese, a possibilidade de seres necessariamente existentes, o próprio universo pode, tanto quanto Deus, ser o ser necessariamente existente. Afirma-se frequentemente que o universo não pode ser o ser necessariamente existente devido à contingência da matéria. Mas um argumento exactamente idêntico a este pode ser aplicado também a Deus. O que pode fazer a sua não-existência parecer impossível são certas qualidades que desconhecemos. No entanto, afirma Hume por intermédio de Cleantes, nada impede que essas qualidades pertençam à matéria. Como são desconhecidas, não é possível provar que são incompatíveis com a matéria e, portanto, não é possível provar que a matéria não pode ser necessariamente existente([31]).

Crítica da noção de explicação suficiente

A segunda premissa do argumento *a priori* estabelece a necessidade de uma explicação suficiente da totalidade da cadeia causal, para lá da mera explicação directa de cada elemento da cadeia por aquele que imediatamente o precede. Hume nega que essa explicação seja necessária. Para ele, a reunião das diversas relações causais numa única cadeia causal é o resultado de um acto arbitrário da mente e, além disso, cada acontecimento de um conjunto de acontecimentos é suficientemente explicado pelas suas causas particulares,

([31]) Cf. *Diálogos*, IX, 93-94.

pelo que não faz qualquer sentido exigir a causa do todo([32]). Requerer uma explicação para o todo, depois de conhecer a explicação particular de todos os objectos do conjunto, seria, para usar um exemplo conhecido, como se, depois de nos terem indicado qual a mãe de cada um dos indivíduos de um conjunto de pessoas, quiséssemos que nos indicassem a mãe de todo o conjunto.

Problema do mal

O ataque de Hume à concepção teísta da Divindade vira-se em seguida para o que é geralmente conhecido como o problema do mal. Nos *Diálogos*, este problema desdobra-se em dois problemas distintos, a que J. C. A. Gaskin([33]) chama o *problema da inferência* e o *problema da consistência*. O problema da inferência consiste na continuação da discussão, interrompida na Parte IX, sobre a possibilidade de inferir os atributos de Deus a partir da semelhança entre a natureza e os artefactos humanos. A principal diferença está em que anteriormente os atributos em questão eram intelectuais e agora são morais. O problema da consistência, por outro lado, é o de saber se e como é possível compatibilizar o mal natural e moral com o Deus tradicional do teísmo. Em geral, as discussões modernas do problema do mal centram-se neste último problema, embora Hume, devido às suas implicações para a moral, esteja mais interessado no problema da inferência.

Depois de enumerar uma longa lista de males morais e naturais e de enunciar as famosas questões de Epicuro([34]),

([32]) Cf. *Diálogos*, IX, 94-95.

([33]) *Hume's Philosophy of Religion*, p. 52.

([34]) «[A Divindade] quer impedir o mal, mas não é capaz? Então é impotente. Ela é capaz, mas não o quer? Então é malévola. Ela é não só capaz como quer? Donde provém então o mal?» (*Diálogos*, X, 105-106).

Hume sugere a hipótese estritamente materialista de o propósito e a intenção existentes na natureza não visarem o bem-estar ou a felicidade dos seres humanos e dos animais, mas a «preservação dos indivíduos e a propagação das espécies» (*Diálogos*, X, 106). E mesmo que o mal possa ser compatível com Deus, isso não basta para provar os seus atributos morais. É necessário inferi-los dos fenómenos do mundo, o que é impossível. Assim, ainda que o problema da consistência possa ser resolvido a contento dos teístas, o problema da inferência não pode. O resultado disto é evidente: a crença de que Deus tem atributos morais e, em particular, atributos morais como os que lhe são atribuídos pelos teístas e pelas religiões populares, não tem justificação racional. Esta conclusão céptica é de grande importância para o que Hume tem ainda a dizer nos *Diálogos*.

Razão e fé

O que vimos até aqui parece não deixar dúvidas de que o objectivo de Hume é destruir a base racional da crença em Deus, o que faz apontando baterias ao argumento *a priori* e, sobretudo, ao argumento do desígnio, os quais eram, na sua época, os principais sustentáculos do teísmo e da religião tradicional. É, pois, com estranheza que vemos, no início da Parte XII, Fílon renunciar (ou, pelo menos, assim parece) a tudo o que tinha anteriormente estabelecido e confessar tanto o seu zelo religioso como a evidência de desígnio: «[...] ninguém tem um sentimento religioso mais intenso gravado na sua mente ou presta uma adoração mais profunda ao Ser divino, tal como ele próprio se revela à razão na invenção e artifício inexplicáveis da natureza. O pensador mais negligente e estúpido descobre um propósito, uma intenção ou um desígnio em qualquer lugar; e ninguém pode estar tão habituado a sistemas absurdos que rejeite isso sempre.» (*Diálogos*, XII, 127-128).

Esta reviravolta inesperada de Fílon, assim como algumas afirmações que ocorrem em outras obras de Hume e que parecem ser de sincera religiosidade([35]), deram origem ao «enigma de Hume», isto é, ao problema de saber qual o seu ponto de vista em matéria de religião.

Esta questão tem interessado comentadores e estudiosos, que para ela têm encontrado por vezes respostas muito diferentes. J. C. A. Gaskin, por exemplo, pensa que Hume, apesar do ataque devastador à religião, acredita num deus. Esta crença é alimentada pelo sentimento de desígnio e encontra uma base racional, embora fraca, no reconhecimento de que a ordem da natureza pode ser explicada como a obra de um agente. Gaskin chama a este ponto de vista «deísmo atenuado»([36]). Anthony Flew, por outro lado, não hesita em considerar Hume um descrente e um agnóstico([37]). E João Paulo Monteiro também não tem dúvidas em dizer que Hume é agnóstico([38]). Para quase todos, no entanto, a mudança súbita de ideias de Fílon, na Parte XII dos *Diálogos,* faz parte das estratégias com que Hume procura dissimular os seus pontos de vista e evitar a ira e as perseguições dos seus contemporâneos mais zelosos dos valores e dos interesses da religião. Embora isto seja verdade, há, apesar disso, boas razões para pensar que os pontos de vista que Fílon expõe nessa parte dos *Diálogos* correspondem aos do próprio Hume([39]).

No entanto, embora esta questão biográfica e histórica seja muito interessante, de um ponto de vista filosófico é

([35]) Cf., por exemplo, o início de "Da Superstição e do Entusiasmo" (*Ensaios Morais, Políticos e Literários*, p. 75) e o começo da Introdução de *A História Natural da Religião.*

([36]) Cf. *Hume's Philosophy of Religion*, p. 221 e *The Cambridge Companion to Hume*, p. 322.

([37]) Cf. *Writings on Religion*, pp. vii e 61.

([38]) Cf. *Hume e a Epistemologia*, pp. 145, 147 e 148.

([39]) Cf. David O'Connor, *Routledge Philosophy Guidebook to Hume on Religion*, Cap. 10.

muito mais importante saber que conclusões visa Hume tirar (ou que ideias visa defender) com os *Diálogos*. No essencial, essas conclusões parecem ser três.

Em primeiro lugar, Hume pretende provar que o cepticismo é a única posição consistente com as evidências em religião([40]). Várias das suas obras – em particular, o *Tratado da Natureza Humana* e a *Investigação sobre o Entendimento Humano* – têm um pendor céptico e, embora se discuta a natureza do seu cepticismo([41]), ele é inquestionável. É natural, portanto, que os *Diálogos* tenham também um cariz céptico. Esta é, contudo, uma razão meramente circunstancial. Há uma razão mais importante, que deriva da própria obra. O primeiro aspecto em que há desacordo entre Cleantes e Fílon, ainda na Parte I, antes mesmo de Cleantes apresentar o argumento do desígnio, prende-se com a possibilidade de conhecer a natureza da Divindade. Fílon defende então, contra Cleantes – que pensa ser possível chegar a conhecimentos positivos acerca de Deus –, a suspensão do juízo, e a sua argumentação no resto da obra tem por fim, pelo menos em parte, estabelecer esta posição([42]). Este aspecto é de grande importância, porque, por mais de uma vez, tanto simpatizantes como opositores de Hume julgaram, com satisfação ou com mágoa, ver nele um ateu e nos *Diálogos* a obra por intermédio da qual visava afirmar esse ponto de vista. Mas, nem Hume é ateu([43]) nem os *Diálogos* visam estabele-

---

([40]) Hume era um evidencialista. «O homem sábio – diz ele – ajusta a sua crença à evidência.» (*Investigação*, p. 108).

([41]) Cf. nota da página 8.

([42]) Fílon nota com frequência no decurso da obra que o cepticismo é a única forma de evitar os problemas que levanta e termina a sua última fala dos *Diálogos* aconselhando Pânfilo a ser céptico.

([43]) É sobejamente conhecida a história segundo a qual Hume, certa ocasião, quando jantava em casa do Barão d'Holbach, afirmou que nunca tinha encontrado um verdadeiro ateu. D'Holbach respondeu-lhe que naquele momento ele se encontrava a jantar com dezoito.

cer o ateísmo. O seu objectivo, como vimos atrás, é apenas o de mostrar que os principais dogmas da religião não têm fundamento racional e, por isso, nunca avança qualquer hipótese alternativa a não ser para tornar mais evidente as dificuldades do teísmo. Esta forma de proceder de Hume é, obviamente, tipicamente céptica([44]).

Em segundo lugar, Hume visa estabelecer que a moral não deriva da religião. A ideia de que a moral deriva da religião tem origem numa concepção de Deus como legislador, que estabeleceu um conjunto de normas a que temos de obedecer e a que estão associadas castigos e recompensas depois da morte. O seu desenvolvimento deu origem à «teoria dos mandamentos divinos» que, no essencial, consiste na afirmação de que aquilo que está moralmente certo e errado depende da vontade divina. As críticas a esta teoria são antigas([45]), mas, como são filosóficas e abstractas, a teoria sobreviveu na religião e no imaginário popular. Hume não foi o primeiro a perceber a relação directa entre a religião e os conflitos sociais ou a responsabilidade do clero nesses conflitos – uma constatação óbvia para quem conhecesse um mínimo da história da Inglaterra e da Europa nos séculos imediatamente anteriores –, nem a notar a dependência da moral tradicional da crença em Deus. Mas parece ter sido dos primeiros a perceber que a associação da moral com essa crença, em vez de potenciar a felicidade humana – ainda que noutra vida –, constituía um obstáculo a essa felicidade, que era mais bem promovida pelas inclinações naturais dos homens.

([44]) Isto não significa que Hume assuma sempre uma posição de equidistância em relação a todos os pontos de vista possíveis em matéria de religião. É clara, por exemplo, a sua preferência pela ideia de que a causa do universo não tem quaisquer interesses morais. A evidência disponível não é, contudo, suficiente para levar Hume a dar-lhe o seu assentimento total.

([45]) Platão, *Êutifron*, 10 a.

Isso levou-o a opor-se fortemente a essa doutrina, tanto mais que o exame crítico das provas tradicionais da existência de Deus mostrou que não é possível, com base na experiência, provar que a causa do universo tem as propriedades intelectuais e morais que os teístas lhe atribuem nem, por conseguinte, derivar do nosso conhecimento da Divindade (porque não há qualquer conhecimento da Divindade) quaisquer noções morais.

É difícil enfatizar suficientemente a importância de tudo isto para Hume. O seu anticlericalismo encontra-se expresso, por vezes de forma muito veemente, em vários textos. Por exemplo, em "Da Superstição e do Entusiasmo" e na *História de Inglaterra*, onde descreve as consequências perniciosas da religião popular para a conduta humana e para a sociedade; ou em "Dos Caracteres Nacionais"([46]), em que ataca de forma extremamente mordaz o carácter profissional dos sacerdotes, dos clérigos e dos padres. Na Parte XII dos *Diálogos*, Hume enumera mais uma vez as consequências nefastas da religião. Tumultos, guerras civis, perseguições, opressão, escravatura, fingimento, falsidade, hipocrisia e fanatismo são apenas algumas das consequências para a vida política e para a conduta humana, que Hume apresenta para justificar a necessidade de separar a moral da religião; e é claro que ele entende que esta pretensão é reforçada pelo facto de a crença em Deus não ter justificação racional.

Em terceiro lugar, Hume tem por objectivo a defesa daquilo a que chama *verdadeira religião*. As referências que lhe faz, nos *Diálogos* ou em outras obras, são sempre esparsas e breves e, por isso, não é óbvio o que entende exactamente por ela. É contudo claro, pelo que diz em algumas dessas ocasiões, que a opõe à religião falsa ou popular e à superstição e que a concebe como uma investigação racional da

([46]) *Ensaios Morais, Políticos e Literários*, p. 185, nota 2.

religião, uma espécie de filosofia, do género da que os *Diálogos* exemplificam e a que chamaríamos hoje sem dificuldade «filosofia da religião». Esta filosofia da religião reduz-se, em última instância, à proposição virtualmente vazia e incompreensível com que Fílon (e, com ele, Hume) se compromete no fim dos *Diálogos*, proposição segundo a qual a causa, ou causas, do universo tem uma analogia remota e vaga com a inteligência humana, da qual afirma não ser possível inferir quaisquer consequências para a vida humana. Desta forma, tanto o cepticismo de Hume como a separação entre a moral e a religião se subsumem na sua concepção da religião, que aparece, assim, como o principal objectivo que visa promover com os *Diálogos*.

Conclusão

Pode parecer a um leitor desprevenido que os *Diálogos* são uma obra cujo interesse é meramente histórico, relevante para aqueles que desejem ou que precisem de compreender a história das ideias do século XVIII, em particular das ideias religiosas, mas de pouco ou nenhum interesse para o debate filosófico actual. Nas páginas anteriores procurei mostrar que isso não é verdade. O debate em filosofia da religião sobre o argumento do desígnio continua a ser hoje tão interessante e importante como o era no tempo de Hume e muitas das objecções de Hume continuam tão actuais quanto o eram quando ele as enunciou no século XVIII. No entanto, os *Diálogos* são importantes para o leitor moderno ainda por um outro motivo: a avaliação crítica e imparcial das crenças, que Hume neles pratica com total mestria, constituiu o modelo de toda a boa filosofia.

Nota sobre a tradução

Esta tradução foi realizada com base na edição de Norman Kemp Smith dos *Diálogos*. Além desta edição, foram também consultadas as edições de J. C. A. Gaskin (*David Hume Dialogues and Natural History of Religion*, Oxford: Oxford University Press, 1993) e de Antony Flew (*Writings on Religion*, Chicago and La Salle: Open Court, 1992), a tradução francesa de Maxime David (*Dialogues sur la religion naturelle,* Paris: Vrin, 1974), a tradução para português do Brasil de José Óscar de Almeida Marques (*Diálogos sobre a Religião Natural*, São Paulo: Martins Fontes, 1992) e as traduções castelhanas de Carlos Mellizo (*Diálogos sobre religión natural*, Madrid: Alianza Editorial, 1999) e de Carmen Garcia-Trevijano (*Diálogos sobre religión natural*, Madrid: Tecnos, 2004).

De modo a distinguir na obra as notas de David Hume das minhas próprias notas, as primeiras são identificadas pela numeração árabe enquanto as últimas são indicadas pela numeração romana.

Quero agradecer a Júlio Sameiro, Clotilde Fernandes, Carlos Alves, Desidério Murcho, Aires de Almeida, Teresa Castanheira, Luís Rodrigues e Pedro Galvão, que leram a introdução, a tradução, ou ambas, e fizeram sugestões que permitiram melhorar bastante este livro. Por último, quero agradecer de uma forma muito especial a José Ferreira Brandão que, além de, enquanto lhe foi possível, ter acompanhado a tradução e feito muitas sugestões, traduziu ainda os textos em latim.

Álvaro Nunes
Julho 2005

Pânfilo a Hérmipo

Houve já quem notasse, meu caro HÉRMIPO, que, embora os filósofos antigos transmitissem a maior parte do seu ensino sob a forma de diálogo, este método de composição foi pouco praticado nas épocas posteriores e raramente teve sucesso nas mãos daqueles que o tentaram. Na verdade, a discussão cuidadosa e sistemática, como se espera hoje dos filósofos, leva naturalmente à adopção da forma metódica e didáctica, pela qual se pode, imediatamente e sem preparação, explicar o objectivo em vista e, depois, proceder sem interrupção à dedução das provas em que se funda. Não parece natural que se apresente um SISTEMA na forma de conversação e embora o escritor de diálogos deseje, ao afastar-se do estilo directo de composição, dar um ar mais espontâneo ao seu trabalho e evitar a aparência de *autor* e *leitor*, arrisca-se a cair numa inconveniência pior e a transmitir a imagem de *pedagogo* e *pupilo*. Ou então, se conduz a disputa num espírito natural de companheirismo, introduzindo uma variedade de assuntos e mantendo um equilíbrio adequado entre os interlocutores, perde com frequência tanto tempo em preparações e transições que dificilmente o leitor se sentirá compensado por todas as graças do diálogo, da ordem, concisão e precisão a elas sacrificadas.

Há, todavia, alguns assuntos a que a forma de diálogo é especialmente adequada e em que é ainda preferível ao método simples e directo de composição.

Qualquer ponto de doutrina tão *óbvio* que dificilmente admita disputa e ao mesmo tempo tão *importante* que nunca seja demais repeti-lo parece exigir um método de tratamento em que a novidade do estilo compense a banalidade do assunto, em que a vivacidade da conversação reforce o preceito e em que os diversos pontos de vista, apresentados pelos vários personagens e caracteres, não pareçam nem fastidiosos nem redundantes.

Por outro lado, qualquer questão de filosofia, que seja de tal modo *obscura* e *duvidosa* que a razão humana não consiga chegar a uma conclusão definitiva a seu respeito – se é que deve ser tratada –, parece levar-nos naturalmente ao estilo de diálogo e conversação. É permitido a homens razoáveis diferirem naquilo em que ninguém pode razoavelmente ser positivo; opiniões opostas, ainda que não conduzam a qualquer decisão, proporcionam um entretenimento agradável e, se o assunto for curioso e interessante, o livro conduz-nos, de certa forma, ao companheirismo e une os dois maiores e mais puros prazeres da vida humana: o estudo e o convívio.

Felizmente, todas estas circunstâncias se encontram no tema da RELIGIÃO NATURAL([1]). Que verdade é tão óbvia, tão certa como a *existência* de Deus, reconhecida pelas épocas mais ignorantes e para a qual os génios mais refinados ambiciosamente se esforçaram por apresentar novas provas e argumentos? Que verdade é tão importante como esta, que é

([1]) Este termo significa o mesmo que «teologia natural» e designa uma actividade em que se procura determinar por meios estritamente racionais e a partir de factos e verdades em princípio acessíveis a todos – isto é, sem recorrer à revelação – a existência e os atributos de Deus.

o sustentáculo de todas as nossas esperanças, o fundamento mais seguro da moralidade, o suporte mais firme da sociedade e o único princípio que nem por um momento deve estar ausente dos nossos pensamentos e meditações? Mas, ao tratar desta óbvia e importante verdade, que obscuras questões ocorrem acerca da *natureza* desse Ser divino, dos seus atributos, dos seus decretos, do seu plano de providência[II]! Estas coisas têm sido desde sempre objecto das disputas dos homens e a seu respeito a razão humana não chegou a nenhuma conclusão certa. No entanto, são tão interessantes que não conseguimos refrear a nossa inquieta curiosidade a seu respeito, apesar de, até agora, o resultado das nossas pesquisas mais cuidadosas ter sido apenas a dúvida, a incerteza e a contradição.

Tive recentemente oportunidade de observar isto mesmo, enquanto passei, como habitualmente, parte do Verão com CLEANTES e assisti às suas conversas com FÍLON e DEMEA, das quais vos fiz há pouco tempo um relato imperfeito. Dissestes-me então que a vossa curiosidade foi tão excitada, que me sinto na obrigação de fazer uma exposição mais exacta dos seus raciocínios e de expor os vários sistemas que apresentaram a respeito de um tema tão delicado como o da religião natural. À medida que opúnheis a cuidadosa inclinação filosófica de CLEANTES ao cepticismo descuidado de FÍLON, ou comparáveis qualquer destas disposições com a rígida e inflexível ortodoxia de DEMEA, o extraordinário contraste das suas personalidades ainda aumentou mais as vossas expectativas. A minha juventude fez de mim um mero ouvinte das

(II) Esta passagem – e, na verdade, a totalidade dos *Diálogos* – faz eco a uma passagem do *Da Natureza dos Deuses* de Cícero, na qual Balbo, o defensor do estoicismo na obra, divide a questão dos deuses em quatro partes: 1) a existência dos deuses; 2) a natureza dos deuses; 3) o governo do universo; e 4) a providência divina. Cf. *Da Natureza dos Deuses*, II, 3, e também II, 12.

suas disputas e a curiosidade, natural à mocidade, gravou toda a cadeia e conexão dos seus argumentos tão profundamente na minha memória que, assim o espero, não irei omitir nem confundir nenhuma parte importante ao relatá-los.

Parte I

Depois de me ter juntado ao grupo, que encontrei reunido na biblioteca de CLEANTES, DEMEA fez alguns elogios a CLEANTES pelo grande cuidado que ele colocou na minha educação e pela sua perseverança e constância incansáveis em todas as amizades. O pai de PÂNFILO, disse ele, foi vosso amigo íntimo; o filho é vosso pupilo e, a julgar pelos esforços que tendes feito para lhe ensinar todos os ramos úteis da literatura e da ciência, pode, na verdade, ser visto como vosso filho adoptivo. Estou convencido de que a vossa prudência não é menor do que a vossa determinação. Por isso, comunico-vos uma máxima que observei em relação aos meus próprios filhos, a fim de saber até que ponto está de acordo com a vossa prática. O método que sigo na educação deles baseia-se no dito de um antigo: «Os estudantes de filosofia devem primeiro aprender lógica, depois ética, de seguida física e, por último, a natureza dos Deuses»([1]). Segundo ele,

---

([1]) Chrysippus apud Plut. *de repug. Stoicorum*. [Crisipo (c. 280-206 a. C.) foi o terceiro chefe da escola estóica (depois do fundador Zenão e de Cleantes) e o sistematizador das doutrinas do primeiro estoicismo. São-lhe atribuídas cerca de 750 obras. Organizou e desenvolveu a

a ciência da teologia natural([III]), sendo a mais profunda e abstrusa de todas, requer dos estudantes um juízo amadurecido e só pode ser confiada sem risco a uma mente enriquecida com todas as outras ciências.

Esperais assim tanto, diz Fílon, para ensinar aos vossos filhos os princípios da religião? Não há o perigo de que negligenciem ou rejeitem completamente essas opiniões de que ouviram falar tão pouco durante toda a sua educação? É apenas como ciência, respondeu Demea, sujeita aos raciocínios e às disputas humanas, que adio o estudo da teologia natural. A minha principal preocupação é acostumar desde cedo as suas mentes à devoção; e, por preceitos e ensinamentos contínuos, e, espero, também por exemplos, gravo profundamente nas suas tenras mentes uma reverência habitual por todos os princípios da religião. À medida que estudam as outras ciências, chamo ainda a atenção para a incerteza de cada parte, as eternas disputas dos homens, a obscuridade de toda a filosofia e as estranhas e ridículas conclusões que alguns dos maiores génios derivaram dos princípios da mera razão humana. Tendo assim preparado as suas mentes para uma submissão e modéstia apropriadas, já não tenho dúvidas em abrir-lhes os grandes mistérios da religião, nem receio qualquer perigo dessa presumida arrogância da filosofia, que possa levá-los a rejeitar as doutrinas e as opiniões melhor estabelecidas.

A vossa precaução, diz Fílon, de acostumar desde cedo as mentes das vossas crianças à devoção é sem dúvida sensata e necessária nesta época profana e irreligiosa. Mas, o que

---

lógica proposicional enquanto sistema formal, tendo sido o primeiro a estabelecer condições de verdade para as condicionais. A citação é da descrição que Plutarco faz, em *De Stoicorum Repugnantiis* [*Acerca das Contradições dos Estóicos*], Cap. 9, 1035 a, b, da filosofia de Crisipo].

([III]) Cf. nota da página 2.

mais admiro no vosso plano de educação é a forma como tirais partido dos próprios princípios da filosofia e do saber, que, ao inspirarem orgulho e auto-suficiência, têm sido em todas as épocas geralmente tão destrutivos para os princípios da religião. É verdade que o vulgo, podemos notá-lo, que não está familiarizado com a ciência e a investigação profunda, ao observar as infindáveis disputas dos sábios tem habitualmente um desprezo total pela filosofia e é por isso levado a agarrar-se tenazmente aos grandes tópicos da teologia que lhe ensinaram. Aqueles que entram um pouco no estudo e na investigação, ao encontrarem muitas aparências de provas em doutrinas recentes e bizarras pensam que nada é demasiado difícil para a razão humana e, quebrando presunçosamente todas as barreiras, profanam os mais íntimos santuários do templo. Mas espero que CLEANTES concorde comigo em que, pondo de lado a ignorância, que é o remédio mais seguro, existe ainda um meio de impedir esta profana liberdade. Deixai que os princípios de DEMEA sejam aperfeiçoados e cultivados e que adquiramos plena consciência da fraqueza, cegueira e estreitos limites da razão humana; deixai que examinemos adequadamente a sua incerteza e contradições desnecessárias, mesmo nos assuntos da vida e da prática comuns; deixai que se nos revelem os erros e enganos dos nossos próprios sentidos; as dificuldades insuperáveis que acompanham os primeiros princípios de todos os sistemas; as contradições inerentes às próprias ideias de matéria, causa e efeito, extensão, espaço, tempo, movimento e, numa palavra, a toda a espécie de quantidade, que é o objecto da única ciência que pode com justiça aspirar a alguma certeza ou evidência. Quando estes tópicos são plenamente exibidos, como o são por alguns filósofos e por quase todos os teólogos, quem poderá confiar nesta débil faculdade da razão ao ponto de respeitar as suas conclusões em coisas tão sublimes, tão obscuras e tão afastadas da vida e da experiência vulgares? Quando a união das partes de uma pedra, ou mesmo a composição das partes que a tornam extensa, quando estes objectos familiares, repito, são tão inexplicáveis e contêm elementos tão incompatíveis e contraditórios, com que segurança podemos decidir acerca da origem dos mundos ou delinear a sua história de eternidade para eternidade?

Enquanto FÍLON dizia estas palavras, pude observar um sorriso nos semblantes de DEMEA e de CLEANTES. O de DEMEA parecia indicar uma total satisfação com as doutrinas apresentadas, mas nas feições de CLEANTES pude distinguir um ar de astúcia, como se tivesse percebido alguma zombaria ou malícia simulada nos raciocínios de FÍLON.

O que propondes então, FÍLON, disse CLEANTES, é que se erija a fé religiosa no cepticismo filosófico([IV]); e pensais que,

---

([IV]) O «cepticismo filosófico» antigo – aquele em que Hume está aqui a pensar – engloba dois movimentos diferentes, embora frequentemente confundidos: o cepticismo da Nova Academia e o pirronismo. O cepticismo da Nova Academia corresponde a uma fase por que passou, durante a sua longa existência, a Academia que Platão fundou em Atenas em 385 a. C. Os seus principais representantes são Arcesilau (c. 316-242 a. C.) e Carnéades (c. 214-129 a. C.), que desenvolveram um conjunto de argumentos com os quais, opondo-se aos estóicos e aos epicuristas, pretendiam mostrar que nada pode ser conhecido com certeza. Apesar de negarem, assim, que exista um critério que permita distinguir o verdadeiro do falso, por razões de ordem prática admitiam a necessidade de um critério e isso levou-os a defender como padrão de conhecimento o que é razoável ou provável.

O pirronismo recusava todo e qualquer critério. O seu objectivo confesso era opor-se a todas as filosofias dogmáticas, isto é, a todas as filosofias que, de uma forma ou de outra afirmavam ter descoberto a verdade. O princípio básico do pirronismo era o de opor a cada proposição uma proposição idêntica, de modo a, perante a incapacidade de decidir entre elas, originar, primeiro, a suspensão do juízo (*epochē*) e, depois, a imperturbabilidade ou quietude (*ataraxia*). Os pirrónicos não recusavam toda e qualquer proposição, mas apenas as que não eram evidentes. Aceitavam as impressões sensíveis que provocam assentimento involuntário, mas recusavam pronunciar-se sobre as eventuais realidades exteriores que lhes possam estar associadas. De modo idêntico, se a certeza ou a evidência forem expulsas de todos os outros campos de investigação, se refugiarão nestas doutrinas teológicas adquirindo aqui uma força e uma autoridade superiores. Mais logo, quando a nossa reunião terminar, saberemos se o vosso cepticismo é tão absoluto e sincero como pretendeis. Veremos então se saís pela porta ou pela janela e se duvidais realmente de que o vosso corpo está sujeito à gravidade ou de que pode ferir-se na queda, como afirma a opinião popular, derivada dos nossos falaciosos sentidos e da ainda mais falaciosa experiência. E estas considerações, Demea, podem, creio, muito bem servir para diminuir a nossa má vontade para com esta divertida seita dos cépticos. Se estão realmente

---

reconheciam, de uma maneira geral, que é impossível permanecer num completo estado de inactividade e defendiam um modo de vida em conformidade quer com os costumes, as leis e as instituições da sociedade, quer com as crenças e os instintos fundamentais do ser humano.

Na *Investigação sobre o Entendimento Humano*, século XII, Hume estabelece a distinção entre cepticismo excessivo ou pirronismo e cepticismo mitigado ou académico, que, segundo ele, resulta da correcção do pirronismo pelo senso comum e pela reflexão. Os argumentos pirrónicos têm a particularidade, que afirma a propósito de Berkeley de «não aceitarem nenhuma resposta e de não produzirem nenhuma convicção. O seu único efeito é causar o assombro momentâneo, a irresolução e a confusão, que é o resultado do cepticismo.» (*Investigação*, Sec. XII, Parte I, n. 1). De um modo geral, a crítica de Hume ao pirronismo consiste em negar-lhe a durabilidade e a utilidade, factores que encontra no cepticismo mitigado, que é capaz de atenuar as tendências para o dogmatismo e a intolerância e de limitar a investigação a assuntos adequados às capacidades do entendimento humano, isto é, da prática e experiência diárias. O cepticismo mitigado difere do excessivo pela necessidade em que o céptico se encontra de agir e viver, o que o impede de manter por muito tempo as suas concepções cépticas radicais e o obriga, mais tarde ou mais cedo, a voltar às crenças naturais, isto é, às crenças que todos sustentamos e sem as quais a vida é completamente impossível (cf. também o primeiro parágrafo da Parte I da Secção V da *Investigação*).

a falar a sério, não incomodarão durante muito tempo o mundo com as suas dúvidas, sofismas e disputas; se estão apenas a brincar, talvez não tenham graça, mas nunca constituirão um perigo, seja para o Estado seja para a filosofia ou para a religião.

Na realidade, FÍLON, continuou ele, parece certo que embora um homem, num acesso de humor e após intensa reflexão sobre as muitas contradições e imperfeições da razão humana, possa renunciar completamente a toda a crença e opinião, é-lhe impossível perseverar neste cepticismo total, ou manifestá-lo na sua conduta mesmo que por algumas horas. Os objectos exteriores pressionam-no, as paixões solicitam-no, a sua melancolia filosófica dissipa-se e mesmo a maior violência sobre o seu próprio temperamento será incapaz de manter, por muito tempo, a fraca aparência de cepticismo. E por que razão se impor a si mesmo uma tal violência? Ser-lhe-á sempre impossível responder a este ponto de acordo com os seus princípios cépticos; pelo que, em resumo, nada era mais ridículo do que os princípios dos antigos PIRRÓNICOS([V]), se, como se diz, tentaram de facto estender a tudo o mesmo cepticismo que aprenderam nas declamações das suas escolas e que a elas deviam ter confinado.

Apesar do seu perpétuo antagonismo, há, deste ponto de vista, uma grande semelhança entre as seitas dos ESTÓICOS([VI]) e dos PIRRÓNICOS. Parecem ambas fundadas na máxima errada

([V]) Modo como são designados os seguidores de Pirro de Élis (cerca 360-275 a. C.), considerado o fundador do cepticismo antigo. Pirro não escreveu nada e as suas ideias foram popularizadas por Tímon de Fliunte (c. 320-230 a. C.). Repare-se que é de professar o cepticismo excessivo, isto é, o pirronismo, que Cleantes acusa Fílon neste passo e que a resposta deste consiste em larga medida em justificar o seu cepticismo pelo afastamento do tema em discussão da experiência e da vida quotidianas.

([VI]) Escola filosófica da Antiguidade fundada por Zenão de Citium (cf. nota seguinte) e desenvolvida pelos seus seguidores imediatos, Cleantes (331-232 a. C.) e, sobretudo, Crisipo. O nome da escola deriva

segundo a qual aquilo que alguém pode fazer algumas vezes e em alguns estados de espírito, pode fazer sempre e em qualquer estado de espírito. Quando, por intermédio das reflexões Estóicas, a mente se eleva a um entusiasmo sublime pela virtude e se comove fortemente com alguma *espécie* de

---

de *Stoa poikilē*, o pórtico pintado de Atenas, onde as doutrinas estóicas eram ensinadas. Para além de Zenão, Cleantes e Crisipo, os estóicos antigos mais importantes são Panécio (185-c. 110 a. C.), Posidónio (c. 135-51 a. C.), Séneca, Epicteto (c. 55-c. 135 d. C.) e o imperador Marco Aurélio (121-180). Enquanto escola, o estoicismo deixou de existir por volta do séc. III d. C., mas, como sistema, influenciou o neoplatonismo e o Cristianismo e continua a influenciar o pensamento moderno. Os estóicos dividiam a filosofia em lógica (que incluía a epistemologia), física (que incluía a teologia) e ética. Em lógica, os estóicos pensavam que apreendemos directamente o mundo exterior e que a percepção é a base do conhecimento. Admitiam que os sentidos podem errar e que é possível fazer juízos falsos, mas julgavam que a reflexão permite evitar estas dificuldades e obter um conhecimento certo. Foram os primeiros a formular os princípios da lógica proposicional e anteciparam um variado número de problemas epistemológicos modernos. Em física, acreditavam que toda a realidade é material e que as diferentes substâncias do universo têm por origem diferentes graus de tensão na matéria. Pensavam que o universo é formado e guiado por um *logos* ou razão, também material, e que este *logos* se identifica com Deus, a natureza, o destino e a providência e constitui a ordem imutável, perfeita e necessária, que governa todas as coisas e as conserva tal como são. Pensavam também que a regularidade da natureza fornece indícios sobre os propósitos do *logos*, o que os levou a procurarem demonstrar a existência dos deuses ou de Deus por intermédio de diversas versões do argumento do desígnio. A ética estóica define a virtude, que é o único bem moral, como viver e agir em conformidade com o *logos*, a natureza ou ordem cósmica; e o vício, que é o único mal, como o contrário. Só o sábio – uma espécie de pessoa ideal completamente racional –, que está em completa harmonia com o plano e ordem cósmicas, é virtuoso e se encontra liberto de todas as paixões ou emoções, o que lhe permite permanecer impassível e indiferente perante os sofrimentos ou privações inevitáveis (*apátheia*).

honra ou bem público, nem os maiores castigos e sofrimentos corporais triunfam sobre um tão alto sentido do dever; e talvez seja até possível, graças a isso, sorrir e exultar no meio de torturas. Se isto pode acontecer algumas vezes de facto e na realidade, ainda mais pode um filósofo, na sua escola, ou mesmo no seu gabinete, provocar em si um tal entusiasmo e suportar em imaginação a dor mais aguda ou o acontecimento mais calamitoso que seja capaz de conceber. Mas como poderá ele manter o próprio entusiasmo? A sua disposição mental afrouxa e não pode ser reatada a seu bel-prazer; as distracções desviam-no; os infortúnios assaltam-no inesperadamente; e o *filósofo* transforma-se gradualmente num *plebeu*.

Aceito a vossa comparação entre os Estóicos e os Cépticos, respondeu Fílon. Mas ao mesmo tempo podeis notar que, apesar de a mente não conseguir, no Estoicismo, manter os altos voos da filosofia, no entanto, quando desce conserva ainda qualquer coisa da sua disposição anterior; e os efeitos dos raciocínios Estóicos irão manifestar-se na sua conduta na vida quotidiana e no teor de todas as suas acções. As escolas antigas, em particular a de Zenão([VII]), produziram exemplos de virtude e de constância que parecem espantosos para os tempos presentes.

> Tudo vã Sabedoria e falsa Filosofia.
> Que contudo com um agradável feitiço podia encantar
> Por um momento, o sofrimento, ou a angústia, e provocar
> A Esperança falaciosa, ou armar o peito obstinado
> Com teimosa Paciência, como com triplo aço.([VIII])

([VII]) Zenão de Citium (334-262 a. C.) fundador do estoicismo. Zenão foi para Atenas por volta de 312 a. C. onde se tornou discípulo do cínico Crates de Tebas e, em cerca de 300 a. C., fundou a escola estóica. Hume parece estar a pensar na crença estóica de que o sábio é imune a todos os infortúnios e capaz de uma moralidade sem mácula.

([VIII]) John Milton, *Paradise Lost*, II, 565-69.

De igual modo, se um homem se habituou a considerações cépticas sobre a incerteza e os estreitos limites da razão, não as esquecerá completamente quando dirigir a sua reflexão para outros assuntos; mas, em todos os seus princípios e raciocínios filosóficos, embora não ouse dizê-lo na sua conduta quotidiana, revelar-se-á diferente daqueles que nunca formularam quaisquer opiniões sobre o assunto ou que conceberam sentimentos mais favoráveis à razão humana.

Seja qual for o ponto a que alguém force os seus princípios especulativos cépticos, reconheço que tem de agir, viver e conversar como os outros homens; e para esta conduta não é obrigado a fornecer nenhuma outra razão para além da sua absoluta necessidade em proceder desse modo. Se leva as suas especulações mais longe do que esta necessidade o obriga e filosofa, seja sobre temas naturais seja sobre temas morais, é porque é seduzido por um certo prazer e satisfação que encontra em comportar-se dessa maneira. Ele considera, além disso, que toda a gente, mesmo na vida quotidiana, é forçada a ter mais ou menos desta filosofia; que desde a nossa mais tenra infância fazemos contínuos progressos na formação de princípios mais gerais de conduta e de raciocínio; que quanto maior a experiência que adquirimos e mais forte a razão de que somos dotados, mais gerais e abrangentes tornamos os nossos princípios; e que aquilo a que chamamos *filosofia* é apenas uma operação mais regular e metódica do mesmo género. Filosofar sobre tais temas não é essencialmente diferente de raciocinar sobre a vida quotidiana e, tendo em conta o seu modo de proceder mais exacto e escrupuloso, podemos unicamente esperar maior estabilidade, se não maior verdade, da nossa filosofia.

Mas, quando olhamos para além dos afazeres humanos e das propriedades dos corpos que nos rodeiam, quando especulamos sobre as duas eternidades, antes e depois do presente estado de coisas, sobre a criação e formação do universo, a existência e as propriedades dos espíritos, os poderes e operações de um espírito universal, que existe sem princípio e sem fim, omnipotente, omnisciente, imutável, infinito e incompreensível, é necessário termo-nos afastado muito da menor tendência para o cepticismo para não recearmos ter ido aqui muito além da capacidade das nossas faculdades. Enquanto limitarmos as nossas especulações ao comércio, à moral, à política ou à crítica, apelamos, a todo o momento, ao senso comum e à experiência, que reforçam as nossas conclusões filosóficas e eliminam (pelo menos em parte) a desconfiança, que tão justamente acalentamos em relação a todos os raciocínios que são demasiado subtis e refinados. Mas nos raciocínios teológicos não dispomos desta vantagem, ao mesmo tempo que lidamos com objectos que, não podemos esquecê-lo, estão para além das nossas capacidades e que são, de todos, os que mais exigem para se tornarem familiares à nossa compreensão. Somos como estrangeiros num país desconhecido, a quem tudo deve parecer suspeito, e que correm constantemente o risco de transgredir as leis e os costumes do povo com o qual vivem e conversam. Num assunto como este não sabemos até que ponto devemos confiar nos nossos métodos habituais de raciocínio, uma vez que, mesmo na vida quotidiana e naquilo para que são especialmente adequados, não podemos justificá-los e ao usá-los somos guiados inteiramente por um género de instinto ou de necessidade.

Todos os cépticos afirmam que se a razão for tomada em abstractos fornece argumentos insuperáveis contra si própria; e que nunca poderíamos ter qualquer convicção ou certeza em assunto algum, não fossem os raciocínios cépticos tão refinados e subtis que são incapazes de contrabalançar os argumentos mais sólidos e naturais, derivados dos sentidos e da experiência. Mas é evidente que sempre que os nossos argumentos perdem esta vantagem e se afastam da vida quotidiana ficam em pé de igualdade com o cepticismo mais refinado, que é capaz de se lhes opor e de contrabalançá-los. Ambos pesam o mesmo. A mente deve manter-se em suspenso entre eles e é essa mesma suspensão ou equilíbrio que constitui o triunfo do cepticismo.

Mas noto, diz CLEANTES, a vosso respeito, FÍLON, e de todos os cépticos especulativos, que a vossa doutrina e a vossa prática estão em desacordo tanto nos pontos mais abstrusos da teoria como na conduta da vida quotidiana. Apesar do vosso pretenso cepticismo, aceitais a evidência sempre que ela se revela; e posso igualmente notar que alguns membros da vossa seita são tão peremptórios como aqueles que fazem grande profissão de certeza e segurança. Na realidade, não seria ridículo quem pretendesse rejeitar a explicação de NEWTON([IX]) do maravilhoso fenómeno do arco-íris, porque essa explicação fornece uma análise minuciosa dos raios de luz, um assunto, na verdade, demasiado refinado para a compreensão humana? E que diríeis a alguém que nada tendo de particular a objectar aos argumentos de COPÉRNICO([X]) e de GALILEU([XI]) a favor do movimento da

([IX]) Newton, Isaac (1642-1727), matemático e físico inglês, que desenvolveu o cálculo infinitesimal e a teoria da gravitação universal. Newton efectuou também alguns trabalhos sobre óptica, em particular sobre a luz, tendo defendido a sua natureza corpuscular. Na época julgava-se que, certos fenómenos coloridos, como o arco-íris, tinham origem na modificação da luz, que na sua forma primitiva seria branca. Newton, com base em experiências com prismas e feixes de luz, negou o conceito de modificação e substituiu-o pelo de análise, mostrando que as cores eram originadas pela refracção da luz.

([X]) Copérnico, Nicolau (1473-1543), astrónomo polaco que na obra *De revolutionibus orbium coelestium* (*As Revoluções dos Orbes Celestes*, Lisboa: Gulbenkian, 1984), publicada no ano da sua morte, defendeu, pela primeira vez nos tempos modernos, uma perspectiva heliocêntrica para o mundo, na qual atribuía ao Sol uma posição central e imóvel e à Terra um movimento diário em torno do eixo e um movimento anual em torno do Sol, iniciando, desse modo, a revolução que, no século XVII, deu origem à ciência moderna.

([XI]) Galilei, Galileu, (1564-1642), matemático, astrónomo, físico e filósofo natural italiano. Inaugurou a astronomia moderna ao usar o

Terra, negasse o seu assentimento com base no princípio geral de que estes assuntos são demasiados magníficos e afastados para serem explicados pela estreita e falaciosa razão da humanidade?

Como vós bem observastes, há de facto um género de cepticismo brutal e ignorante, que dá às pessoas vulgares um preconceito geral contra aquilo que não podem facilmente entender e as faz rejeitar todo o princípio que requeira raciocínios complicados para ser provado e estabelecido. Esta espécie de cepticismo é fatal para o conhecimento, não para a religião; uma vez que vemos que aqueles que o professam dão frequentemente o seu assentimento, não apenas às grandes verdades do teísmo(XII) e da teologia natural, mas também às doutrinas mais absurdas que a superstição tradicional lhes tenha recomendado. Eles acreditam firmemente em bruxas, embora nunca venham a acreditar nem a

---

telescópio, então recém-descoberto, para estudar os corpos celestes. Descobriu, dessa forma, as irregularidades da superfície da Lua, as manchas da superfície do Sol, os chamados satélites galilaicos de Júpiter e a natureza da Via Láctea. Os seus estudos tornaram plausível a hipótese heliocêntrica de Copérnico, que passou a ser cada vez mais encarada como a explicação correcta dos fenómenos celestes. Como estas ideias eram contrárias às ciências e à teologia da época, ainda largamente escolásticas, Galileu foi julgado pela Inquisição e condenado a passar os últimos anos da sua vida em prisão domiciliária. Isso não o impediu, contudo, de fazer alguns dos seus mais importantes trabalhos e de, com eles, lançar as bases do método e da concepção científica modernos.

(XII) Crença num Deus único, pessoal e espiritual, omnipotente, omnisciente, sumamente bom, eterno, criador de tudo o que existe e que continua presente, intervindo no mundo, manifestando-se e manifestando os seus propósitos por intermédio de milagres e revelações. Esta concepção é comum às três grandes religiões do Ocidente (Judaísmo, Cristianismo e Islamismo) e subjaz à discussão das provas da existência e natureza de Deus dos *Diálogos*. Para uma discussão mais detalhada da concepção teísta de Deus, veja-se Richard Swinburne, *Será que Deus Existe?*, pp. 11-28.

prestar atenção à mais simples proposição de Euclides(XIII). Mas os cépticos refinados e filosóficos caem numa inconsistência de natureza oposta. Eles estendem as suas investigações aos recantos mais abstrusos da ciência e, a cada passo, dão o seu assentimento em proporção à evidência que encontram. São mesmo obrigados a reconhecer que os objectos mais abstrusos e afastados são os que a filosofia explicou melhor. A luz está, na realidade, analisada; o verdadeiro sistema dos corpos celestes descoberto e verificado. Mas a nutrição dos corpos pela alimentação é ainda um mistério inexplicável; e a coesão das partes da matéria é ainda incompreensível. Esses cépticos são, portanto, obrigados, em todas as questões, a examinar cada prova particular separadamente e a ajustar o seu assentimento ao grau preciso de prova que se apresenta. Esta é a sua prática em todas as ciências naturais, matemáticas, morais e políticas. E por que não fazem o mesmo, pergunto, nas ciências teológicas e religiosas? Por que apenas as conclusões desta natureza devem ser rejeitadas com base na presunção geral da insuficiência da razão humana, sem qualquer discussão particular da prova? Não é uma conduta tão desigual uma prova clara de preconceito e paixão?

Dizeis que os nossos sentidos são falaciosos, que o nosso entendimento é erróneo, que as nossas ideias, mesmo dos objectos mais familiares – extensão, duração, movimento – estão cheias de absurdos e contradições. Desafiais-me a

---

(XIII) Euclides (c. 300 a. C.) geómetra grego que viveu e ensinou em Alexandria durante o reinado de Ptolomeu I (323 a 285/283 a. C.) e é considerado o matemático mais importante da antiguidade greco-romana. A influência de Euclides foi enorme, uma vez que, até ao advento das chamadas geometrias não-euclideanas no século XIX, os seus *Elementos de Geometria* constituíram a base da geometria no Ocidente. Os *Elementos* constituem a primeira teoria axiomática conhecida e forneceram durante muito tempo o modelo da demonstração racional.

resolver as dificuldades ou a reconciliar as incompatibilidades que descobris nelas. Não tenho capacidade para tão grande tarefa; não tenho tempo para isso; e percebo que é desnecessária. A vossa própria conduta, em todas as circunstâncias, refuta os vossos princípios e mostra a mais firme confiança em todas as máximas aceites da ciência, da moral, da prudência e do comportamento.

Nunca concordarei com uma opinião tão severa como a do célebre autor([2]) que afirma que os cépticos não são uma seita de filósofos, mas apenas uma seita de mentirosos. Posso, contudo, afirmar (espero que sem ofensa) que são uma seita de gracejadores ou brincalhões. Pela minha parte, sempre que me sentir inclinado para o folguedo e para o divertimento, escolherei certamente um entretenimento de natureza menos intrincada e abstrusa. Uma comédia, uma novela ou, quando muito, uma história, parecem-me uma distracção mais natural do que tais subtilezas e abstracções metafísicas.

Seria em vão que o céptico distinguiria entre ciência e vida quotidiana ou entre uma ciência e outra. Os argumentos utilizados em todas elas, se correctos, são de natureza similar

---

([2]) *L'art de penser.* [Obra escrita por Antoine Arnauld (1612-1694) e Pierre Nicole (1625-1695) e publicada em 1662 com o título *La Logique ou l'art de penser*, também conhecida como *La logique de Port-Royal*. Hume refere-se à seguinte passagem do Premier discours: «Personne no douta jamais sérieusement qu'il y a une terre, un soleil et une lune, ni si le tout est plus grand que sa partie. On peut bien faire dire extérieurement à sa bouche qu'on en doute, parce que l'on peut mentir; mais on ne peut pas le faire dire à son esprit. Ainsi le Pyrrhonisme n'est pas une secte de gens qui soient persuadés de ce qu'ils disent, mais c'est une secte de menteurs.» (Ninguém jamais duvidou seriamente da existência da Terra, do Sol e da Lua, nem de que o todo é maior do que a sua parte. Podemos perfeitamente fazer a nossa boca dizer exteriormente que duvidamos, porque podemos mentir; mas não o podemos fazer dizer ao nosso espírito. Assim, o Pirronismo não é uma seita de pessoas persuadidas do que dizem, mas uma seita de mentirosos.)]

e têm a mesma força e evidência. Ou, se existir alguma diferença entre eles, a vantagem está inteiramente do lado da teologia e da religião natural. Muitos princípios da mecânica baseiam-se em raciocínios extremamente abstrusos e, no entanto, ninguém com aspirações à ciência, nem mesmo um céptico especulativo, afirmará ter a menor dúvida a seu respeito. O sistema COPERNICANO contém o paradoxo mais surpreendente e contrário às nossas concepções naturais, às aparências e aos nossos próprios sentidos; e, apesar disso, até os monges e os inquisidores se vêem agora forçados a aceitá-lo. E pretende FÍLON, homem de espírito tão liberal e de conhecimento tão extenso, conceber dúvidas gerais e vagas a respeito da hipótese religiosa, que se funda nos argumentos mais simples e óbvios e, a menos que se depare com obstáculos artificiais, goza de tão fácil acesso e admissão na mente do homem?

E aqui podemos observar, continuou ele voltando-se para DEMEA, uma circunstância bastante curiosa na história das ciências. Após a união da filosofia com a religião popular, aquando da fundação do Cristianismo, nada era mais usual entre os evangelizadores do que declamações contra a razão, contra os sentidos, contra todos os princípios derivados apenas da pesquisa e investigação humanas. Todos os tópicos dos antigos Académicos(XIV) foram adoptados pelos Padres(XV) e, por consequência, propagados durante muito tempo em todas as escolas e púlpitos da Cristandade. Os Reformado-

(XIV) Referência aos membros da Academia de Platão. A escola seguiu várias tendências filosóficas. Uma dessas tendências é o cepticismo da Nova Academia. É provavelmente nestes Académicos que Hume está a pensar. Veja-se nota da página 8.

(XV) Forma como são designados os principais pensadores e mestres dos primeiros séculos da nossa era, cujos escritos em larga medida fixaram a ortodoxia cristã. Origines (c. 185-254), Tertuliano (c. 160-225), Eusébio (c. 260-340), S. Ambrósio (c. 339-397) e S. Agostinho (354-430) são alguns desses Padres.

res(XVI) abraçaram os mesmos princípios de raciocínio, ou antes, de declamação; e todos os panegíricos sobre a excelência da fé estavam indubitavelmente misturados com severos ataques de sátira contra a razão natural. Do mesmo modo um célebre prelado(3) da comunhão Romana, um homem do mais vasto saber, que escreveu uma demonstração do Cristianismo, compôs igualmente um tratado que contém todos os sofismas do PIRRONISMO mais descarado e obstinado. LOCKE(XVII) parece ter sido o primeiro Cristão que ousou abertamente afirmar que a *fé* é apenas uma espécie de *razão*, que a religião é unicamente um ramo da filosofia e que, na descoberta de

---

(XVI) Aqueles que, como Martinho Lutero (1483-1546) e João Calvino (1509-1564), estiveram na origem do movimento religioso do século XVI conhecido por Reforma, que, tendo por fim renovar algumas práticas e doutrinas da Igreja Católica acabou por conduzir ao surgimento das igrejas protestantes.

(3) Mons. Huet [Huet, Pierre-Daniel (1630-1721), sábio, cientista, filósofo e bispo francês. Além de trabalhos científicos sobre astronomia, anatomia e matemática, Huet escreveu várias obras filosóficas em que procurou chamar a atenção para a falibilidade da razão humana e a primazia da fé que, vinda de Deus, é a única que pode assegurar a certeza absoluta. É a uma destas obras, o *Traité Philosophique de la faiblesse de l'esprit humain*, publicado postumamente em 1723, que Hume se refere.

(XVII) Locke, John (1632-1704), filósofo inglês, que está na origem do chamado «empirismo britânico» de que Hume é geralmente considerado o último e maior representante. Embora se tenha interessado também por outros assuntos, as suas obras mais importantes, *An Essay Concerning Human Understanding* (*Ensaio sobre o Entendimento Humano*, Lisboa: Gulbenkian, 1999) e *Two Treatises of Government*, são sobre filosofia do conhecimento e da ciência e sobre filosofia política, domínios em que as suas ideias tiveram uma enorme influência, estando na origem do Iluminismo europeu e da lei e governo americanos. No *Ensaio*, Locke rejeita a concepção cartesiana, dominante na época, segundo a qual as nossas ideias e princípios fundamentais são inatos e desenvolve uma teoria do conhecimento que dá prioridade à observação e à experiência na construção do conhecimento. Em *Two Treatises of Government* rejeita a origem divina do poder dos reis (uma ideia então usada para justificar o

todos os princípios da teologia, natural e revelada, foi sempre empregue uma cadeia de argumentos, análoga à que estabeleceu qualquer verdade em moral, política ou física. O mau uso que Bayle(XVIII) e outros libertinos(XIX) fizeram do cepticismo filosófico dos Padres e dos primeiros Reformadores divulgou ainda mais o judicioso sentimento do Sr. Locke e é agora, de certo modo, reconhecido por todos os que aspiram ao raciocínio e à filosofia que ateu e céptico são quase sinónimos. E assim como é certo que ninguém fala a sério quando professa este último princípio, de bom grado espero que também sejam poucos os que sustentam seriamente o primeiro.

---

poder absoluto do monarca) e defende um governo constitucional, que tem por origem um contrato social e por finalidade defender e promover os interesses dos cidadãos. A referência de Hume é provavelmente ao *Ensaio sobre o Entendimento Humano*, Livro IV, XVII, 24 e a *The Reasonableness of Christianity*, obra em que defende a racionalidade da moral revelada, isto é, que as regras morais bíblicas estão de acordo com a razão.

(XVIII) Bayle, Pierre (1647-1706), filósofo francês, que assumiu uma posição céptica em relação a todo o tipo de filosofia e teologia, que o levou a defender que a fé é a base da religião (fideísmo) e a advogar a tolerância religiosa mesmo para heréticos e ateus. É o autor do célebre *Dictionnaire historique et critique*, cuja influência no século XVIII e no próprio Hume foi considerável. De 1684 a 1687 publicou uma das primeiras revistas eruditas, a *Nouvelles de la République des Lettres*.

(XIX) Homens de letras, cientistas e pensadores franceses do século XVII e XVIII que, duma maneira geral, afirmaram a supremacia da razão humana sobre os dogmas e defenderam reformas económicas, políticas, sociais e religiosas. O termo foi também usado frequentemente com intenções polémicas para referir alegados livres-pensadores e ateus que divulgavam as doutrinas epicuristas, pirrónicas e cépticas, juntamente com a filosofia mecanicista e a nova astronomia da época. O epíteto de libertino aplicado a Bayle nesta passagem é justificado pelas posições cépticas que assumiu, pelo questionar de muitas tradições cristãs e pela defesa da tolerância religiosa para crentes e ateus. Isto valeu-lhe a oposição tanto de católicos como de protestantes.

Não vos lembrais, disse FÍLON, do excelente dito de Lorde BACON[XX] sobre este tema? Que um pouco de filosofia, respondeu CLEANTES, faz de um homem um ateu e uma grande quantidade converte-o à religião? Essa é também uma observação muito judiciosa, disse FÍLON. Mas o que tenho em vista é outra passagem na qual, tendo mencionado o insensato de DAVID[XXI], que disse no seu coração que não há Deus, este grande filósofo observa que os ateus de hoje têm uma dose dupla de loucura, porque não se contentam com dizer nos seus corações que não há Deus, mas também proferem esta impiedade com os seus lábios e são, desse modo, culpados de múltiplas indiscrições e imprudências. Parece-me que tais pessoas, mesmo que estejam a falar a sério, não podem ser muito perigosas.

Mas, embora me incluais nesta classe de loucos, não posso deixar de vos comunicar uma observação que me ocorre sobre a história do cepticismo religioso e irreligioso com que nos haveis brindado. Na minha opinião há fortes sintomas de clericalismo em todo este assunto. Durante as épocas ignorantes, como as que se seguiram à dissolução das antigas escolas, os padres perceberam que o ateísmo[XXII],

[XX] Bacon, Francis (1561-1626), jurista, estadista e filósofo inglês. Foi o arauto da revolução científica dos séculos XVI e XVII. Sugeriu que o método das ciências deveria consistir na recolha de informação empírica, que seria depois usada para fazer generalizações indutivas. O conhecimento da natureza, assim obtido, deve estar ao serviço do bem-estar dos seres humanos. A referência de Hume é ao ensaio "Of Atheism", publicado em 1597.

[XXI] Salmos, 14, 1: «O insensato diz em seu coração: Não há Deus!»

[XXII] Crença na não existência de Deus. É frequente distinguir-se entre ateísmo teórico e ateísmo prático. O ateu teórico é aquele que acredita que Deus não existe, ao passo que o ateu prático pode até acreditar na existência de Deus, mas na sua vida procede como se Deus não existisse. O ateísmo distingue-se do teísmo, a doutrina de que Deus existe, e do agnosticismo, segundo o qual é impossível saber se Deus existe.

o deísmo([XXIII]) ou qualquer espécie de heresia, poderiam apenas provir do presunçoso questionar das opiniões recebidas e da crença de que a razão humana é igual para tudo. A educação tinha então uma poderosa influência sobre as mentes dos homens e quase igualava em força as sugestões dos sentidos e do entendimento comum, pelas quais o céptico mais decidido deve admitir ser governado. Mas, presentemente, que a influência da educação diminuiu muito e os homens, devido a um comércio mais aberto do mundo, aprenderam a comparar os princípios populares de diferentes nações e épocas, os nossos sagazes teólogos modificaram completamente o seu sistema filosófico e passaram a falar a linguagem dos Estóicos, Platónicos([XXIV]) e Peripa-

([XXIII]) O deísmo surgiu em Inglaterra na primeira metade do século XVII, com Edward Herbert, e perdurou até meados do século seguinte, tendo-se entretanto difundido pela França, com Voltaire e d'Alembert e outros, e influenciado Leibniz e Kant na Alemanha. Ao contrário do teísmo, que atribui importância à revelação, em particular a bíblica, o deísmo admite apenas a razão como fonte do conhecimento de Deus, pondo ênfase na religião natural e no argumento do desígnio, e recusando qualquer intervenção divina no mundo e nos assuntos humanos, quer por profecias quer por milagres. De um modo geral, os deístas acreditam na existência de um criador que fez o universo mas não intervém no curso dos acontecimentos nem responde às orações e às necessidades humanas. Repare-se que a acusação de Fílon tem algo de anacrónico, uma vez que, em rigor, na época a que se refere não há deístas.

([XXIV]) Termo que designa os seguidores de Platão. O problema com esta designação é determinar a quem se aplica. Por exemplo, se A. N. Whitehead tem razão, isto é, se toda a filosofia ocidental posterior é apenas notas de rodapé à filosofia de Platão, a sua aplicação é tão abrangente quanto vazia. Outra possibilidade, mais comum, é entender que o termo designa aqueles que 1) se identificam com alguma das ideias filosóficas principais de Platão ou aqueles que 2) de alguma forma se identificam com o pensamento de Platão, quer aceitem ou não alguma das suas teorias fundamentais. Bertrand Russell, quando afirma que a sua teoria dos universais é a mesma que a teoria das Ideias de Platão, é um

téticos(XXV) e não a dos Pirrónicos e Académicos. Se duvidarmos da razão humana, não temos agora nenhum outro princípio que nos conduza à religião. Assim, cépticos numa época, dogmáticos noutra. Seja qual for o sistema que melhor sirva os propósitos destes respeitáveis cavalheiros, dando-lhes domínio sobre a humanidade, eles não hesitarão em torná-lo o seu princípio favorito e dogma estabelecido.

É natural, disse Cleantes, que os homens adoptem os princípios com os quais julgam poder defender melhor as suas doutrinas e não é necessário recorrer ao clericalismo para explicar um expediente tão razoável. E certamente que nada pode fornecer uma presunção mais forte de que um conjunto de princípios são verdadeiros e devem ser adoptados do que observar que tendem a confirmar a verdadeira religião e que servem para confundir os sofismas dos ateus, libertinos e livres-pensadores de todo o tipo.

---

excelente exemplo do uso da palavra na primeira acepção. Na segunda acepção, a palavra aplica-se a uma grande variedade de pensadores, a começar pelos filósofos da Academia e, nesse sentido, inclui também aqueles a que Hume, opondo, nesta passagem, aos Platónicos, chama Académicos. Em qualquer caso, o propósito de Hume é claro: dividir, seguindo uma classificação que podemos encontrar em Sexto Empírico (*Hipóteses Pirrónicas*, I, 1), as escolas filosóficas em dogmáticas e cépticas – embora, ao contrário de Sexto, junte Académicos e Pirrónicos –, e acusar os padres de serem dogmáticos ou cépticos, consoante o que, na ocasião, sirva melhor os seus interesses.

(XXV) Forma como são designados os membros da escola que Aristóteles fundou no Liceu, em Atenas. O nome, segundo a tradição, deriva do hábito de Aristóteles de dar as lições enquanto passeava. Os mais importantes peripatéticos foram Teofrasto (c. 370-c. 288 a.C.), que sucedeu a Aristóteles na direcção do Liceu, e Estráton (c. 335-269 a.C.). Também se costuma chamar peripatéticos àqueles que mais tarde comentaram as obras de Aristóteles ou aderiram às suas doutrinas.

Parte II

Devo confessar CLEANTES, disse DEMEA, que nada me surpreende mais do que a forma como haveis desde o princípio apresentado este argumento. Pelo teor do vosso discurso, poder-se-ia imaginar que defendíeis a existência de Deus contra os sofismas dos ateus e dos infiéis e tivésseis necessidade de vos afirmar como um paladino desse princípio fundamental de toda a religião. Mas espero que de modo algum seja isto que está em discussão entre nós. Estou convencido de que ninguém ou, pelo menos, ninguém de bom senso, duvidou alguma vez de uma verdade tão certa e auto-evidente. A questão não é sobre a *existência,* mas a *natureza* de *Deus*. E esta natureza, devido às fraquezas do entendimento humano, é-nos completamente incompreensível e desconhecida. A essência dessa mente suprema, os seus atributos, o modo da sua existência, a própria natureza da sua duração, esses e todos os aspectos respeitantes a um Ser tão divino são para os homens um mistério. Criaturas finitas, fracas e cegas, devemos tornar-nos humildes diante da sua augusta presença e, conscientes dos nossos defeitos, adorar em silêncio as suas infinitas perfeições, que nenhum olho viu, que nenhum ouvido ouviu e que não está ao alcance do coração humano conceber. Elas estão escondidas da curiosidade humana por uma espessa nuvem e constitui uma profanação tentar penetrar nestas obscuridades sagradas. A temeridade de tentar conhecer a sua natureza e essência, os seus decretos e atributos, aproxima-se da impiedade de negar a sua existência.

Mas, para que não penseis que a minha *piedade* levou neste ponto a melhor sobre a minha *filosofia*, apoiarei a minha opinião, se é que necessita de apoio, com uma grande autoridade. Poderia citar quase todos os teólogos que desde a fundação do Cristianismo trataram deste ou de qualquer outro assunto teológico, mas limitar-me-ei, presentemente, a um célebre tanto pela sua piedade como pela sua filosofia. Refiro-me ao Padre MALEBRANCHE([XXVI]), que, recordo, exprime-se assim([4]): «Devemos chamar», diz ele, «espírito a Deus, não tanto para expressar positivamente o que ele é, mas para significar que não é matéria. Não podemos duvidar de

([XXVI]) Malebranche, Nicolas (1638-1715), teólogo católico francês e o mais importante filósofo cartesiano da segunda metade do século XVII, cuja filosofia é uma síntese do pensamento de Descartes e de S. Agostinho. Malebranche pensava que só temos conhecimento de ideias e sensações e, portanto, que não temos conhecimento de uma realidade física exterior. A sua teoria da causalidade, conhecida como o *ocasionalismo*, influenciou a análise da causalidade de Hume. De acordo com essa teoria, não há qualquer conexão necessária entre as nossas ideias e as nossas sensações e o que julgamos serem sequências causais são na realidade diferentes ocasiões da acção divina. Também não há qualquer ligação entre a mente e o corpo, pelo que a mente não causa qualquer acontecimento no mundo físico nem o mundo físico na mente. O que se passa é que quando Deus causa um acontecimento mental também causa um acontecimento físico, embora deste, como de tudo o mais que nos é exterior, não possa haver conhecimento directo. A existência do mundo exterior é uma verdade que conhecemos por revelação divina.

([4]) *Recherche de la Vérité,* liv. 3, cap. 9.

que Ele é um Ser infinitamente perfeito. Mas, da mesma maneira que não devemos imaginar, ainda que supondo-o corpóreo, que possui um corpo humano, como afirmaram os ANTROPOMORFISTAS(XXVII) com o pretexto de que essa figura é a mais perfeita de todas, também não devemos imaginar que o Espírito de Deus tem ideias humanas ou que apresenta qualquer semelhança com o nosso espírito, com o pretexto de que não conhecemos nada mais perfeito do que a mente humana. Devemos antes acreditar que tal como compreende as perfeições da matéria sem ser material... também compreende as perfeições dos espíritos criados, sem ser espírito, do modo como concebemos o espírito; e que o seu verdadeiro nome é *Aquele que é* ou, por outras palavras, Ser sem restrição, Todo Ser, o Ser infinito e universal».

Após uma tão grande autoridade, DEMEA, respondeu FÍLON, como a que apresentaste, e um milhar mais que podeis apresentar, pareceria ridículo da minha parte acrescentar a minha opinião ou expressar a minha aprovação da vossa doutrina. Mas, sem dúvida que quando homens sensatos tratam destes assuntos, a questão nunca pode ser acerca da *existência*, mas apenas acerca da *natureza* da Deidade. Como muito bem haveis observado, a primeira verdade é inquestio-

(XXVII) O antropomorfismo é, de uma maneira geral, a atribuição de características humanas a seres ou entidades não humanos. A palavra, no entanto, tem sido usada no contexto mais restrito da religião para designar a atribuição à Divindade de forma, sentimentos, vontade, emoções e quaisquer outras características próprias dos seres humanos. Os exemplos mais conhecidos de antropomorfismo são certamente as antigas religiões greco-romanas, cujos deuses tinham praticamente todas as características dos seres humanos. Isso permitiu a Xenófanes de Cólofon afirmar que se os bois, os cavalos ou os leões fossem capazes de fazer representações das divindades, as representariam com a forma de bois, cavalos ou leões. No entanto, Malebanche, com toda a probabilidade, refere-se aqui a uma seita cristã herética que, nos séculos III e IV, defendeu que Deus tinha forma humana.

nável e auto-evidente. Nada existe sem uma causa; e à causa original deste universo (qualquer que ela seja) chamamos DEUS e piedosamente atribuímos-lhe toda a espécie de perfeições. Quem quer que duvide desta verdade fundamental merece todos os castigos que possam ser infligidos entre filósofos, a saber, o maior ridículo, desprezo e desaprovação. Mas, como toda a perfeição é inteiramente relativa, nunca deveremos imaginar que compreendemos os atributos deste Ser divino ou supor que as suas perfeições têm alguma analogia ou semelhança com as perfeições de uma criatura humana. Atribuímos-lhe justamente sabedoria, pensamento, desígnio e conhecimento, porque estas palavras são honrosas entre os homens e não possuímos outra linguagem ou outros conceitos com os quais possamos expressar a nossa adoração por ele. Mas tenhamos o cuidado de não pensar que as nossas ideias correspondem de alguma forma às suas perfeições ou que os seus atributos têm alguma semelhança com estas qualidades tal como existem entre os homens. Ele é infinitamente superior à nossa visão e compreensão limitadas e é mais o objecto de culto no templo do que de disputa nas escolas.

Na realidade, CLEANTES, continuou ele, para chegar a esta conclusão não é necessário recorrer a esse cepticismo rebuscado que vos é tão desagradável. As nossas ideias não vão além da nossa experiência e não temos experiência dos atributos e dos processos divinos. Não necessito de concluir o meu silogismo. Vós próprio podeis fazer a inferência. E é para mim um prazer (e para vós também, espero) que o raciocínio exacto e a sã piedade confluam aqui para a mesma conclusão e que ambos estabeleçam a natureza adoravelmente misteriosa e incompreensível do Ser Supremo.

Não percamos tempo com circunlóquios, disse CLEANTES, dirigindo-se a DEMEA, e ainda menos a responder às piedosas declarações de FÍLON. Vou explicar de forma breve como compreendo este assunto. Olhai o mundo em redor. Contemplai-o no todo e em cada uma das suas partes. Verificareis que é apenas uma grande máquina, subdividida num número infinito de máquinas menores, que admitem novas subdivisões num grau que ultrapassa o que os sentidos e as faculdades humanas podem investigar e explicar. Todas estas diversas máquinas, e mesmo as suas partes mais pequenas, estão ajustadas umas às outras com uma precisão que fascina todos aqueles que já as contemplaram. Por toda a natureza, a extraordinária adaptação dos meios aos fins assemelha-se exactamente, embora as exceda em muito, às produções da invenção, desígnio, pensamento, sabedoria e inteligência humanas. Por consequência, uma vez que os efeitos são semelhantes, somos levados a inferir, por todas as regras da analogia, que as causas também são semelhantes e que o Autor da natureza é um pouco similar à mente humana, embora dotado de faculdades muito mais vastas, proporcionais à grandeza da obra que executou. Por este argumento *a posteriori*(XXVIII) e apenas por este argumento, provamos ao mesmo tempo a existência de uma Deidade e a sua semelhança com uma mente e uma inteligência humanas.

Tomarei a liberdade, CLEANTES, disse DEMEA, de vos dizer desde já que não posso aprovar a vossa conclusão acerca da semelhança da Deidade com os homens e ainda menos posso aprovar os meios pelos quais a tentais estabelecer. O quê?! Nenhuma demonstração da existência de Deus?! Nenhuns argumentos abstractos?! Nenhumas provas *a priori*(XXIX)?!

(XXVIII) Diz-se das proposições que podem somente ser conhecidas ou justificadas por intermédio da experiência. Exemplos clássicos deste tipo de proposições são as proposições das ciências naturais. Argumentos *a posteriori* são, por conseguinte, argumentos constituídos por uma ou mais proposições deste tipo. *A posteriori* opõe-se a *a priori*.

(XXIX) As proposições *a priori* são proposições que podem ser conhecidas ou justificadas sem recorrer à experiência, isto é, que podem ser conhecidas ou justificadas anteriormente ou independentemente de qualquer experiência. A experiência pode ser necessária para conhecer o

Estas provas, em que os filósofos tanto insistiram até agora, são todas falácias e sofismas? Neste assunto não podemos ir além da experiência e da probabilidade? Não direi que isto seja trair a causa da Deidade, mas seguramente que através desta pretensa franqueza dais aos ateus uma vantagem que nunca poderiam obter pela mera força dos argumentos e dos raciocínios.

O que me faz sobretudo ter dúvidas neste assunto, disse Fílon, não é tanto o facto de todos os argumentos religiosos serem reduzidos por Cleantes à experiência, mas o de não parecerem sequer ser os mais certos e irrefutáveis deste género inferior. Observámos milhares e milhares de vezes que uma pedra cai, que o fogo queima, que a terra tem solidez; e quando se dá uma nova ocorrência desta natureza, tiramos sem hesitar a inferência habitual. A exacta semelhança dos casos dá-nos a certeza absoluta de um acontecimento semelhante e nunca desejamos nem procuramos uma evidência mais forte. Mas sempre que vos afasteis, por pouco que seja, da similaridade dos casos, diminuís proporcionalmente a evidência e podeis por fim reduzi-la a uma *analogia* muito fraca, que está manifestamente sujeita ao erro e à incerteza. Após termos observado a circulação do sangue nas criaturas humanas, não temos dúvidas de que ela ocorre em *Titius* e *Mævius*. Mas, da sua circulação nas rãs e nos peixes, só podemos chegar à suposição, embora forte, por analogia, de que ocorre nos homens e nos outros animais.

significado dos termos que constituem uma proposição, mas essa proposição é considerada *a priori* se, para determinar o ser valor de verdade, bastar conhecer esse significado e as relações lógicas que intervêm nela. Repare-se que *a priori* é diferente de inato. As proposições matemáticas, como podem ser demonstradas sem recorrer à experiência, são frequentemente referidas como exemplos de proposições deste tipo, embora boa parte do conhecimento matemático tenha origem na experiência. Mas, como pode, no entanto, ser justificado sem recorrer à experiência é um conhecimento *a priori*. Um argumento *a priori* é, obviamente, um argumento constituído apenas por premissas *a priori*.

Quando, a partir da nossa experiência de que o sangue circula nos animais, inferimos a circulação da seiva nos vegetais, o raciocínio analógico é muito mais fraco; e aqueles que precipitadamente seguiram esta analogia imperfeita descobriram, por experiências mais cuidadosas, que se tinham enganado.

Se vemos uma casa, CLEANTES, concluímos, com a maior das certezas, que teve um arquitecto ou construtor, porque este é precisamente o género de efeito que vimos proceder daquele género de causa. Mas, certamente não ireis afirmar que o universo se parece de tal modo com uma casa que podemos com a mesma certeza inferir uma causa similar ou que a analogia é aqui completa e perfeita. A dissimilitude é tão impressionante que o máximo a que podeis aspirar neste ponto é a uma suposição, uma conjectura, uma presunção a respeito duma causa similar; e deixo à vossa consideração como essa pretensão será recebida na sociedade.

Seria certamente muito mal recebida, respondeu CLEANTES, e eu seria merecidamente censurado e menosprezado se admitisse que as provas da Deidade não são mais do que uma suposição ou conjectura. Mas, tem o total ajustamento dos meios aos fins numa casa e no universo uma semelhança tão fraca? E a economia das causas finais([XXX])? E a ordem,

([XXX]) Aristóteles distinguiu quatro tipos de causas: formais, materiais, eficientes e finais. Todas elas estão, por exemplo, presentes na produção de um artefacto. A causa formal é a forma ou ideia que está na origem do artefacto; a causa material é a matéria usada na sua composição; a causa eficiente é a actividade por intermédio da qual o artefacto é produzido; e a final é o fim ou propósito com que o artefacto é produzido. Embora, a ciência moderna, saída da revolução científica do século XVII, das causas aristotélicas, aceite apenas a existência da causa eficiente, em teologia natural, a causa final continuou (e continua) a ser largamente aceite. O argumento do desígnio depende completamente dela, uma vez que procura provar com base na similitude entre artefactos e objectos naturais que estes também têm um propósito e, por conse-

proporção e arranjo de cada parte? Os degraus de uma escada são claramente concebidos para que as pernas humanas possam usá-los ao subir; e esta inferência é certa e infalível. As pernas humanas são também concebidas para andar e subir; e esta inferência, admito-o, não é tão certa, devido à dissemelhança que fazeis notar; mas será que, por isso, merece ser considerada apenas uma presunção ou conjectura?

Meu Deus! – exclamou DEMEA, interrompendo-o – onde chegámos? Defensores zelosos da religião admitem que as provas de uma Deidade não têm uma evidência perfeita! E vós, FÍLON, de cujo auxílio dependo para provar o carácter adoravelmente misterioso da natureza divina, concordais com todas estas opiniões extravagantes de CLEANTES? Que outro nome posso dar-lhes? E por que poupar as minhas censuras quando estes princípios são apresentados e defendidos por uma tal autoridade diante de um jovem como PÂNFILO?

Pareceis não compreender, respondeu FÍLON, que discuto com CLEANTES ao seu modo e que, mostrando-lhe as perigosas consequências dos seus dogmas, espero por fim convertê-lo à nossa opinião. Mas, pelo que vejo, o que mais vos perturba é a forma como CLEANTES apresenta o argumento *a posteriori*; e ao verdes que esse argumento pode igualmente escapar-se-vos e desvanecer-se no ar, julga-lo tão deturpado que não acreditais que tenha sido exposto correctamente. Ora, por muito que discorde noutros pontos dos perigosos princípios de CLEANTES, tenho de admitir que apresentou correctamente aquele argumento; e tentarei expor-vos a questão de modo que não tenhais mais dúvidas a seu respeito.

Mesmo que alguém fosse capaz de se abstrair de tudo o que sabe ou viu ser-lhe-ia completamente impossível, apenas

quência, um autor que os tenha produzido. Uma parte considerável da discussão do argumento do desígnio – como os *Diálogos* ilustram bem – tem passado pela discussão da existência ou não da semelhança entre artefactos e objectos naturais.

com base nas suas próprias ideias, determinar que aspecto o universo deve ter; ou preferir um estado ou situação das coisas a outro. Pois como nada do que concebe claramente pode ser considerado impossível ou implicando contradição, todas as quimeras da sua fantasia estariam em pé de igualdade; assim como não poderia dar nenhuma razão justa para aderir a uma ideia ou sistema e rejeitar os outros que são igualmente possíveis.

Além disso, depois de ter aberto os olhos e contemplado o mundo tal como ele realmente é, ser-lhe-ia impossível, a princípio, indicar a causa de qualquer acontecimento e ainda menos da totalidade das coisas ou do universo. Ele poderia deixar a sua fantasia deambular e ela fornecer-lhe uma variedade infinita de informações e representações. Todas elas seriam possíveis; mas, devido a serem todas igualmente possíveis, ele nunca poderia, por si mesmo, justificar satisfatoriamente o facto de preferir uma delas às restantes. Só a experiência lhe pode apontar a verdadeira causa de qualquer fenómeno.

Ora, de acordo com este modo de raciocinar, DEMEA, segue-se (e é, na verdade, tacitamente admitido pelo próprio CLEANTES) que a ordem, arranjo ou ajustamento das causas finais, a menos que tenhamos verificado por intermédio da experiência que têm origem nesse princípio, não constituem por si só uma prova de desígnio. Pois tanto quanto podemos saber *a priori*, a matéria pode conter – tal como a mente contém – originariamente dentro de si a fonte ou origem da ordem; e imaginar que, devido a uma causa interna desconhecida, os diversos elementos se possam dispor segundo o mais admirável arranjo não é mais difícil do que imaginar que, devido a uma causa interna desconhecida semelhante, as ideias se disponham segundo esse arranjo na grande mente universal. Tem de se admitir que ambas as suposições são igualmente possíveis. Mas, segundo CLEANTES, a experiência mostra-nos que existe uma diferença entre elas. Se arremessardes conjuntamente algumas peças de aço, sem figura nem forma, elas nunca se disporão por si mesmas de modo a constituir um relógio. Sem um arquitecto, pedras, argamassa e madeira nunca construirão uma casa. Mas, como vemos, por uma economia desconhecida e inexplicável, as ideias arranjam-se na mente humana de modo a formar o plano de um relógio ou casa. A experiência, por consequência, prova que existe um princípio original de ordem na mente, mas não na matéria. De efeitos semelhantes inferimos causas semelhantes. A adaptação dos meios aos fins é idêntica no universo e numa máquina de invenção humana. As causas, por consequência, têm de ser semelhantes.

Devo reconhecer que fiquei desde o princípio escandalizado com esta suposta semelhança entre a Deidade e as criaturas humanas; e sou obrigado a acreditar que implica uma degradação tal do Ser supremo que nenhum verdadeiro teísta está disposto a aceitar. Por consequência, Demea, tentarei, com a vossa ajuda, defender aquilo a que correctamente chamaste o carácter adoravelmente misterioso da natureza divina e, desde que Cleantes admita que o apresentei correctamente, refutar este seu raciocínio.

Quando Cleantes concordou, Fílon, depois de uma pequena pausa, continuou da seguinte maneira.

Neste momento, Cleantes, não irei discutir a vossa pretensão de que todas as inferências sobre factos são fundadas na experiência e de que todos os raciocínios experimentais são fundados na suposição de que causas semelhantes provam efeitos semelhantes e efeitos semelhantes causas semelhantes. Peço-vos, no entanto, que observeis o extremo cuidado com que todos os bons pensadores procedem ao transferir experiências para casos similares. A não ser que os casos sejam completamente semelhantes, não depositam uma confiança absoluta na aplicação das suas observações passadas a nenhum fenómeno particular. Cada alteração das circunstâncias provoca uma dúvida acerca do acontecimento; e isto requer novas experiências para provar de forma segura que as novas circunstâncias não têm qualquer significado ou importância. Uma mudança de tamanho, situação, arranjo, duração, condição atmosférica ou corpos circundantes, pode ser seguida das consequências mais inesperadas e, a menos que os objectos nos sejam muito familiares, é de uma grande temeridade esperar com segurança, após uma destas mudanças, um acontecimento semelhante ao que observámos anteriormente. Os passos lentos e reflectidos dos filósofos distinguem-se aqui, mais do que em qualquer outro lado, da marcha precipitada do vulgo que, instigado pelas semelhanças mais triviais, é incapaz de todo o discernimento ou ponderação.

Mas podeis pensar, CLEANTES, que a vossa fleuma e filosofia habituais foram preservadas num passo tão grande como o que haveis dado quando comparastes casas, navios, móveis e máquinas ao universo e da sua semelhança em algumas circunstâncias inferistes que as suas causas são semelhantes? O pensamento, o desígnio e a inteligência, tal como os vemos no homem e nos outros animais, são apenas uma das origens e princípios do universo; assim como o calor ou o frio, a atracção ou a repulsão e uma centena de outros, que são diariamente observados. É uma causa activa, pela qual, como vemos, algumas partes específicas da natureza produzem alterações noutras partes. Mas, podemos transferir legitimamente uma conclusão das partes para o todo? A grande desproporção entre as partes e o todo não impede toda a comparação e inferência? Podemos aprender alguma coisa sobre a geração de um homem a partir da observação do crescimento de um cabelo? Aprenderíamos alguma coisa acerca da vegetação de uma árvore, mesmo que soubéssemos perfeitamente como se dá, a partir da forma como uma folha cresce?

Mas, mesmo que admitíssemos poder tomar as *operações* de uma parte da natureza sobre outra como fundamento do nosso juízo sobre a *origem* do todo (coisa que nunca poderá ser aceite), por que, no entanto, escolher um princípio tão insignificante, tão débil, tão limitado como a razão e o desígnio dos animais, tal como o vemos ser neste planeta? Que privilégio peculiar tem esta pequena agitação do cérebro a que chamamos pensamento para que tenhamos assim de fazer dele o modelo da totalidade do universo? É verdade que a nossa parcialidade a nosso próprio favor o apresenta constantemente, mas a verdadeira filosofia deve cuidadosamente precaver-se contra uma ilusão tão natural.

Assim, em vez de admitir, continuou Fílon, que as operações de uma parte nos fornecem uma conclusão correcta acerca da origem do todo, recusarei que uma qualquer parte constitua uma regra para outra parte, se a última for muito afastada da primeira. Que motivo razoável existe para concluir que os habitantes de outros planetas têm pensamento, inteligência, razão ou alguma coisa semelhante a estas faculdades humanas? Será possível imaginarmos que a natureza se copia incessantemente a si mesma por todo o imenso universo, quando a vemos neste pequeno globo actuar de forma extremamente diversificada? E se, como podemos muito bem supor, o pensamento estiver confinado apenas a este pequeno canto e tiver mesmo aqui uma esfera de acção muito limitada, com que legitimidade podemos apontá-lo como causa original de todas as coisas? A visão acanhada de um camponês, que faz da sua economia doméstica a regra para o governo de reinos, é, em comparação, um sofisma perdoável.

Mas, mesmo que tivéssemos a certeza de que existem por todo o universo um pensamento e uma razão semelhantes aos humanos e de que a sua actividade é por toda a parte muito maior e mais dominante do que parece ser neste globo, não vejo, apesar disso, por que as operações de um mundo constituído, arranjado, ajustado, podem legitimamente ser estendidas a um mundo que está num estado embrionário e progride na direcção dessa constituição e arranjo. Sabemos, pela observação, algo da economia, da acção e da alimentação de um animal adulto; mas temos de ter o maior cuidado ao transferir essa observação para o desenvolvimento de um feto no útero e mais ainda para a formação de um animálculo nos lombos do seu progenitor masculino. Mesmo a nossa limitada experiência permite-nos verificar que a natureza possui um número infinito de causas e princípios, que se manifestam incessantemente a cada mudança da sua posição e situação. E só com a maior temeridade podemos pretender determinar que princípios novos e desconhecidos poria ela em acção numa situação tão nova e desconhecida como a da formação do universo.

Conhecemos muito imperfeitamente uma parte muito pequena deste grande sistema durante um período de tempo muito curto. Como podemos a partir disto pronunciarmo-nos decisivamente acerca da origem do todo?

Admirável conclusão! Neste minúsculo globo terrestre, as pedras, a madeira, os tijolos, o ferro e o latão não têm actualmente, sem a arte e a invenção humanas, qualquer ordem ou arranjo. Por consequência, sem algo similar à arte humana o universo não poderia no princípio vir a ter ordem e arranjo. Mas, pode uma parte da natureza ser uma regra para outra parte muito afastada da primeira? Pode ser uma regra para o todo? Pode uma parte muito pequena ser uma regra para o universo? Pode a natureza num dado estado ser uma regra certa para a natureza num outro estado muito diferente do primeiro?

E podeis censurar-me, CLEANTES, se imito aqui a prudente reserva de SIMÓNIDES(XXXI) que, segundo uma narrativa célebre, ao ser interrogado por HIERÃO(XXXII) sobre *o que é Deus*,

(XXXI) Simónides (c. 556-468 a. C.), famoso poeta lírico grego. Esta história é referida por Cícero em *A Natureza dos Deuses*, I, 60.

(XXXII) Hierão I (morreu em 466 a. C.), tirano de Siracusa, na Sicília, de 478 a 466 a. C. Embora exercesse o poder com grande crueldade, foi patrono de poetas e filósofos.

pediu um dia para pensar no assunto, a seguir mais dois dias e prolongou assim continuamente o prazo, sem nunca dar uma definição ou uma descrição? Poder-me-íeis censurar mesmo se tivesse respondido logo *que não sabia* e fosse perceptível que este assunto excede em muito o alcance das minhas faculdades? Podeis chamar-me céptico e brincalhão tanto quanto vos agradar, mas, tendo visto, em muitos outros assuntos bastante mais familiares, as imperfeições e até as contradições da razão humana, nunca poderei esperar qualquer êxito das suas débeis conjecturas, num assunto tão sublime e afastado da esfera da nossa observação. Quando duas *espécies* de objectos foram sempre vistas juntas, o costume permite-me *inferir* a existência de uma delas onde quer que *veja* a outra; e a isto chamo um argumento a partir da experiência. Mas é difícil explicar como este argumento se pode aplicar quando os objectos, como acontece neste caso, são singulares, individuais, sem paralelo ou semelhança específica. E dir-me-á alguém, com semblante sério, que um universo ordenado tem de provir de um pensamento e arte como os humanos, porque temos disso experiência? Para verificar este raciocínio seria necessário que tivéssemos experiência da origem dos mundos e não é seguramente suficiente que tenhamos visto navios e cidades resultarem da arte e invenção humanas...

Fílon prosseguia neste estilo veemente, um tanto entre a brincadeira e o sério, como me pareceu, quando, dando-se conta de alguns sinais de impaciência em Cleantes, parou imediatamente. O que eu tinha a sugerir-vos, disse Cleantes, é apenas que não abuseis das palavras ou façais uso de expressões populares para subverter raciocínios filosóficos. Como sabeis, o vulgo distingue com frequência razão de experiência, mesmo quando se trata apenas de questões de facto e de existência, embora se descubra, quando analisamos correctamente essa *razão*, que ela não é mais do que uma espécie de experiência. Provar pela experiência que o universo tem origem mental não é mais contrário à linguagem corrente do que provar pelo mesmo princípio o movimento da Terra. E um cavilador pode levantar contra o sistema COPERNICANO as mesmas objecções que haveis alegado contra os meus raciocínios. Tendes vós outras terras, pode ele dizer, que haveis visto moverem-se? Tendes...

Sim! – exclamou FÍLON, interrompendo-o – temos outras terras. Não é a Lua outra terra que vemos girar em torno do seu centro? Não é Vénus outra terra, em que observamos o mesmo fenómeno? Não são as revoluções do Sol igualmente uma confirmação, por analogia, da mesma teoria? Não são terras todos os planetas que giram em torno do Sol? Não são luas os satélites que se movem em torno de Júpiter e Saturno e, com estes planetas primários, em torno do Sol? Estas analogias e semelhanças, com outras que não mencionei, são as únicas provas do sistema COPERNICANO e cabe-vos considerar se tendes quaisquer analogias do mesmo género para sustentar a vossa teoria.

Na realidade, CLEANTES, continuou ele, o moderno sistema da astronomia é hoje de tal modo aceite por todos os investigadores e tornou-se uma parte tão essencial mesmo da nossa educação mais elementar, que geralmente não somos muito cuidadosos no exame das razões em que se funda. Tornou-se hoje uma questão de mera curiosidade estudar aqueles que primeiro escreveram sobre esse tema, que enfrentaram os preconceitos na sua máxima força e foram obrigados a virar os seus argumentos de todos os lados para os tornar populares e convincentes. Mas, se lermos cuidadosamente os famosos Diálogos([XXXIII]) de GALILEU sobre o sistema do mundo, descobriremos que esse grande génio – um dos mais sublimes que alguma vez existiram – dirigiu primeiro todos os seus esfor-

([XXXIII]) Galileo Galilei, *Dialogo Sopra I Due Massimi Sistemi* (Galileu Galilei, *Diálogo dos Grandes Sistemas* (Primeira Jornada), Lisboa: Gradiva, 1980).

ços para provar que não existe fundamento para a distinção que geralmente se fazia entre substâncias elementares e substâncias celestes. Partindo das ilusões dos sentidos as escolas levaram esta distinção muito longe e estabeleceram que as últimas substâncias são inengendráveis, incorruptíveis, inalteráveis, impassíveis e atribuíram todas as qualidades opostas às primeiras. Mas, Galileu, começando com a Lua, provou que era em todos os aspectos similar à Terra: a sua forma convexa, a sua escuridão natural quando não iluminada, a sua densidade, a sua distinção em sólido e líquido, as variações das suas fases, a mútua iluminação da terra e da lua, os seus mútuos eclipses, as irregularidades da superfície lunar, etc. Depois de muitos exemplos deste género a respeito de todos os planetas, os homens viram claramente que estes corpos se tornaram objectos próprios de experiência e que a similaridade da sua natureza nos autoriza a estender os mesmos argumentos e fenómenos de uns a outros.

Neste procedimento cauteloso dos astrónomos, Cleantes, podeis ler a vossa própria condenação, ou antes, podeis ver que o assunto de que vos ocupais excede toda a razão e investigação humanas. Sois capaz de mostrar uma similaridade deste tipo entre a construção de uma casa e a geração de um universo? Vistes alguma vez a natureza numa situação semelhante ao arranjo inicial dos elementos? Formaram-se alguma vez mundos diante dos vossos olhos e tivestes vagar para observar todo o desenrolar do fenómeno desde o primeiro aparecimento da ordem até à sua consumação final? Se sim, citai a vossa experiência e exponde a vossa teoria.

Parte III

Como o argumento mais absurdo, respondeu CLEANTES, nas mãos de um homem engenhoso e inventivo, pode adquirir um ar de probabilidade! Desconheceis, FÍLON, que se tornou necessário a COPÉRNICO e aos seus primeiros discípulos provar a similaridade da matéria terrestre e celeste porque vários filósofos, cegos pelos velhos sistemas e apoiados em algumas aparências sensíveis, negaram essa similaridade? Mas que não é de forma alguma necessário que os teístas provem a similaridade das obras da natureza às da arte, porque essa similaridade é auto-evdente e inegável? A mesma matéria, uma forma igual. Que mais é necessário para mostrar uma analogia entre as suas causas e verificar que todas as coisas têm origem num propósito e intenção divinos? Para ser franco, devo dizer-vos que as vossas objecções não são melhores do que as abstrusas cavilações daqueles filósofos que negaram o movimento(XXXIV) e que devem ser refuta-

(XXXIV) Referência a Parménides (nascido c. 515 a. C.) e a Zenão de Eleia (c. 495–c. 430 a. C.), que negaram a existência de movimento e de pluralidade, que, segundo eles, eram meramente aparentes e não características essenciais do ser.

das da mesma maneira: por ilustrações, exemplos e casos, mais do que por uma argumentação e filosofia sérias.

Suponde, por consequência, que uma voz articulada era ouvida nas nuvens, muito mais forte e melodiosa do que alguma que a arte humana pudesse produzir; suponde que esta voz se estendia ao mesmo tempo a todas as nações e falava a cada nação na sua própria língua e dialecto; suponde que as palavras proferidas não só continham um sentido e significado correctos, mas comunicavam alguma instrução em tudo digna de um Ser benevolente e superior à humanidade. Poderíeis hesitar um momento acerca da causa desta voz? Não teríeis de atribuí-la imediatamente a algum desígnio ou propósito? Contudo, todas as objecções (se elas merecem esta designação) que existem contra o sistema do teísmo podem também ser produzidas contra esta inferência.

Não poderíeis dizer que todas as conclusões respeitantes a factos se fundam na experiência; que quando ouvimos uma voz articulada no escuro e daí inferimos a existência de um homem é apenas a semelhança dos efeitos que nos leva a concluir que há uma semelhança igual na causa; mas que esta extraordinária voz, pela sua força, alcance e flexibilidade para todas as línguas, revela uma analogia tão pequena com qualquer voz humana, que não temos nenhuma razão para supor que existe uma analogia entre as suas causas; e que, por consequência, um discurso racional, sábio e coerente proveio não sabeis donde, de algum assobio acidental dos ventos, e não de uma razão ou inteligência divinas? Vedes claramente as vossas próprias objecções nestas cavilações e espero que vejais também claramente que não podem ter mais força num caso do que no outro.

Mas, para tornar a situação ainda mais semelhante à situação presente do universo, farei duas suposições que não implicam nada de absurdo ou impossível. Suponde que existe uma língua natural, universal, invariável e comum a todos os indivíduos da raça humana e suponde que os livros são produtos naturais, que se perpetuam a si próprios da mesma maneira que os animais e os vegetais, por descendência e reprodução. Muitas expressões das nossas paixões contêm uma linguagem universal e todos os animais inferiores têm um discurso natural que, apesar de limitado, é bastante inteligível para a sua própria espécie. E como há infinitamente menos partes e menos invenção na composição de eloquência mais delicada do que no corpo organizado mais grosseiro, a reprodução duma *Ilíada*(XXXV) ou duma *Eneida* é uma suposição mais fácil do que a de qualquer planta ou animal.

Suponde, por consequência, que entrais na vossa biblioteca, deste modo povoada por livros naturais, contendo a razão mais refinada e a beleza mais delicada; ser-vos-ia possível abrir um deles e duvidar de que a sua causa original apresenta a mais forte analogia com a mente e a inteligência? Quando raciocina e discursa; quando expostula, argumenta e faz valer os seus pontos de vista e as suas teses; quando se dirige às vezes ao puro intelecto, às vezes aos afectos; quando reúne, arranja e embeleza todas as considerações adequadas ao assunto; poderíeis continuar a afirmar que tudo isto, no fundo, não tem realmente qualquer sentido e que a primeira formação deste volume nos lombos do seu progenitor original não procedeu do pensamento e do desígnio? Sei muito bem que a vossa obstinação não atinge esse grau de firmeza e que mesmo a vossa brincadeira e leviandade cépticas seriam perturbadas por um absurdo tão manifesto.

(XXXV) Referência a dois dos principais poemas épicos da Antiguidade. A *Ilíada* é uma obra grega, supostamente escrita por Homero (século IX ou VIII a. C.?), de quem mesmo a existência é disputada. A *Eneida* foi escrita por Virgílio (70-19 a. C.), poeta romano, e narra a história de Roma desde a sua fundação lendária por troianos fugidos após a derrota de Tróia. Os dois poemas acabam por estar singularmente relacionados uma vez que a *Ilíada* é a narrativa da guerra entre gregos e troianos.

Mas, FÍLON, se há alguma diferença entre esta situação suposta e a situação real do universo, é inteiramente em benefício desta última. A anatomia de um animal fornece muitos exemplos mais fortes de desígnio do que a leitura cuidadosa de LÍVIO[XXXVI] ou de TÁCITO; e qualquer objecção que levanteis àquele caso, transportando-me de volta a um cenário tão invulgar e extraordinário como o da primeira formação dos mundos, a mesma objecção se aplica à suposição da nossa biblioteca vegetativa. Escolhei, então, FÍLON, o vosso partido sem ambiguidade ou evasão: afirmai que um volume racional não é prova de uma causa racional ou admiti para todas as obras da natureza uma causa similar.

Permiti-me que observe igualmente aqui, continuou CLEANTES, que este argumento religioso, em vez de ser enfraquecido por esse cepticismo a que fingis aderir, antes adquire dele força e se torna mais firme e incontestado. Excluir todos os argumentos ou raciocínios, qualquer que seja o seu género, é afectação ou loucura. O que todo o céptico sensato declara professar é apenas rejeitar os argumentos abstrusos, remotos e refinados; aderir ao senso comum e aos instintos simples da natureza; e aquiescer sempre que quaisquer razões o impressionem com uma força tal que ele não possa, sem a maior das violências, deixar de fazê-lo. Ora, é óbvio que os argumentos a favor da religião natural são deste género; e nada, a não ser a metafísica mais obstinada e perversa, pode rejeitá-los. Considerai e anatomizai o olho; examinai a sua estrutura e o seu plano; e dizei-me se, com base na vossa própria impressão, a ideia de um autor não vos assalta imediatamente com uma força idêntica à da sensação. A conclusão mais óbvia é certamente a favor do desígnio; e é preciso tempo, reflexão e estudo, para juntar as objecções frívolas, ainda que abstrusas, que podem apoiar a

---

([XXXVI]) Tito Lívio (59 a. C.-17 d. C.) e Tácito (c. 55-c. 120 d. C.) são dois historiadores romanos.

descrença. Quem pode contemplar o macho e a fêmea de cada espécie, a correspondência das suas partes e instintos, as suas paixões e o percurso integral da vida, antes e após a geração, sem se aperceber de que a propagação das espécies é pretendida pela natureza? Por todo lado, o universo apresenta milhões e milhões de exemplos destes e nenhuma linguagem pode transmitir um significado mais inteligível, mais irresistível, do que o singular ajustamento das causas finais. A que grau de dogmatismo([XXXVII]) cego é preciso, por consequência, que alguém chegue para rejeitar argumentos tão naturais e tão convincentes?

Podemos deparar com escritos de grande beleza que pareçam contrários às regras e que, em oposição a todos os preceitos da crítica e à autoridade dos mestres estabelecidos da arte, conquistem as afeições e animem a imaginação. E se, como pretendeis, o argumento a favor do teísmo contradiz os princípios da lógica, então a sua influência irresistível e universal prova claramente que podem existir argumentos com essa natureza irregular. Quaisquer que sejam as cavilações que se aduzam, um mundo ordenado, tal como um discurso coerente e articulado, será sempre aceite como uma prova incontestável de desígnio e de intenção.

Admito que às vezes os argumentos religiosos não têm a devida influência num ignorante selvagem e bárbaro. Mas isto acontece não porque sejam obscuros e difíceis, mas porque o selvagem nunca coloca a si próprio qualquer questão a respeito deles. Qual a origem da peculiar estrutura de um animal? Da cópula dos seus progenitores. E qual a origem destes? Dos *seus* progenitores? Uns quantos passos de afastamento colo-

([XXXVII]) Termo usado pelos cépticos antigos para designar toda e qualquer filosofia que afirmasse a existência de verdades definitivas. A palavra é também comummente usada para referir a afirmação e a preferência acrítica por uma teoria. É neste segundo sentido que Hume a usa aqui.

cam os objectos a uma distância tal que, para ele, perdem-se na escuridão e na confusão e nenhuma curiosidade o impele a remontar mais. Mas isto não é nem dogmatismo nem cepticismo, mas estupidez; um estado de espírito muito diferente da vossa disposição inquisitiva e examinadora, meu engenhoso amigo. Podeis remontar dos efeitos às causas; podeis comparar os objectos mais remotos e distantes; os vossos maiores erros provêm não da esterilidade do pensamento e da invenção, mas duma fertilidade demasiado abundante, que suprime o vosso bom senso natural por intermédio de uma profusão de escrúpulos e objecções desnecessários.

Nesta altura pude observar, Hérmipo, que Fílon estava um pouco embaraçado e confuso. Mas, enquanto hesitava em responder, felizmente para ele Demea intrometeu-se na conversa e salvou a sua face.

Confesso, Cleantes, disse ele, que o vosso exemplo formulado a partir de livros e linguagens, como é familiar tem por isso muito mais força. Mas não há nesta mesma circunstância também algum perigo e não poderá ela tornar-nos presunçosos e levar-nos a imaginar que compreendemos a Deidade e que temos uma ideia adequada da sua natureza e atributos? Quando leio um livro entro na mente e intenção do autor; torno-me, nesse momento, de certo modo, ele; sinto e concebo imediatamente as ideias que imaginava enquanto trabalhava nessa obra. Mas certamente que nunca nos poderemos aproximar tanto da Deidade. Os seus caminhos não são os nossos. Os seus atributos são perfeitos, porém incompreensíveis. E este livro da natureza contém um enigma mais inexplicável do que qualquer discurso ou raciocínio inteligível.

Sabeis que os antigos Platónicos foram os mais religiosos e devotos de todos os filósofos pagãos. E, no entanto, muitos deles, em particular Plotino[XXXVIII], afirmaram expressa-

---

[XXXVIII] Plotino (250-270), o último grande filósofo pagão e o fundador do neoplatonismo, uma filosofia de inspiração platónica que iria estar na

mente que não se pode atribuir o intelecto ou o entendimento à Deidade e que a forma mais perfeita de a adorar consiste, não em actos de veneração, reverência, gratidão ou amor, mas numa certa misteriosa aniquilação de si próprio ou total extinção de todas as nossas faculdades. Talvez estas ideias sejam exageradas, mas devemos ainda assim reconhecer que, ao representar a Deidade como sendo tão inteligível, tão compreensível e tão idêntica à mente humana, tornamo-nos culpados da mais tacanha e grosseira parcialidade e fazemos de nós próprios o modelo do universo inteiro.

Todos os *sentimentos* da mente humana – gratidão, ressentimento, amor, amizade, aprovação, culpa, piedade, imitação, inveja – referem-se claramente ao estado e à condição do homem e estão calculados para preservar a existência e promover a actividade desse ser nessas circunstâncias. Por consequência, parece insensato transferir esses sentimentos para uma existência suprema ou supor que são eles que a fazem actuar; além de que os fenómenos do universo não apoiam tal teoria. Todas as nossas *ideias* derivadas dos sentidos são declaradamente falsas e ilusórias e, por consequência, não pode supor-se que tenham lugar numa inteligência suprema. E como as ideias do sentimento interno, acrescentadas às dos sentidos externos, constituem todo o equipamento do entendimento humano, podemos concluir que ne-

base das primeiras tentativas de síntese da ciência e filosofia gregas com a Religião Cristã. As suas obras, que versavam sobre temas tão diversos quanto a metafísica, a lógica, a física ou a cosmologia, foram publicadas após a sua morte em seis grupos de nove tratados (daí o nome de *Eneades*) pelo seu discípulo Porfírio. Hume alude aqui à metafísica de Plotino, segundo a qual o Uno é a realidade última imaterial que está para além de todo ser. Conjuntamente com o Intelecto, que depende do Uno, e a Alma, que depende do Intelecto, constituem as três *hipóstases* ou princípios universais de onde tudo o mais deriva. O Intelecto e a Alma são múltiplos e, portanto, não se identificam com o Uno, a que Hume chama Deidade.

nhum dos *materiais* do pensamento se assemelham na inteligência humana e na divina. E como podemos compará-las ou supor que de algum modo se assemelham quanto à *maneira* de pensar? O nosso pensamento é vacilante, incerto, fugidio, sequencial e composto; e se eliminássemos estas circunstâncias, destruiríamos completamente a sua essência e, nesse caso, seria um abuso dos termos chamar-lhe pensamento ou razão. Se parece mais piedoso e respeitoso (como realmente é) continuar a usar esses termos quando mencionamos o Ser supremo, pelo menos devemos reconhecer que, nesse caso, o seu significado é totalmente incompreensível e que as fraquezas da nossa natureza não nos permitem obter quaisquer ideias que correspondam minimamente à inefável excelência dos atributos divinos.

Parte IV

Parece-me estranho, disse CLEANTES, que vós, DEMEA, que sois tão sincero na defesa da causa da religião, continueis a sustentar que a Deidade tem uma natureza misteriosa e incompreensível e a insistir tão vigorosamente em que ela não tem qualquer parecença ou semelhança com as criaturas humanas. Posso admitir facilmente que a Deidade possui muitos poderes e atributos de que não temos qualquer compreensão; mas se as nossas ideias, até onde alcançam, não são correctas, adequadas e conforme à sua natureza real, desconheço o que exista neste assunto em que mereça insistir. É o nome sem qualquer significado de tão grande importância? Ou como é que vós MÍSTICOS[XXXIX], que defendeis a absoluta

---

[XXXIX] Aqueles que acreditam na possibilidade de uma união íntima e directa com a Divindade (cf. a nota da página 69). Repare-se que nesta passagem Hume atribui aos místicos uma crença algo diferente – a crença na absoluta incompreensibilidade da Deidade –, que, na melhor das hipóteses, resulta de Deus ser apreendido por intermédio de uma experiência mística. Note-se que a associação aqui apenas sugerida, mas explicitamente enunciada um pouco adiante dos místicos com os ateus, constituía uma acusação grave na época. Por outro lado, chamar místico a Fílon não é despropositado porque, por mais de uma vez, o cepticismo

incompreensibilidade da Deidade, vos distinguis dos cépticos ou ateus, que afirmam que a primeira causa de Tudo é desconhecida e ininteligível? A sua ousadia tem de ser muito grande se, após rejeitarem a produção por uma mente – quero dizer, uma mente semelhante à humana, pois não conheço outra –, pretendem indicar com segurança qualquer outra causa inteligível e específica; e a sua consciência tem de ser de facto muito escrupulosa, se se recusam a chamar Deus ou Deidade à causa desconhecida e universal e a conferir-lhe tantos elogios sublimes e epítetos sem significado quanto quiserdes exigir deles.

Quem poderia imaginar, respondeu Demea, que Cleantes, o sereno e filosófico Cleantes, tentaria refutar os seus antagonistas pondo-lhes um rótulo e que, tal como os vulgares fanáticos e inquisidores da época, recorreria à invectiva e à declamação em vez de ao raciocínio? Ou será que não percebe que é fácil responder a estes lugares comuns e que *antropomorfista* é uma designação tão desagradável e implica consequências tão perigosas como o epíteto de *místico*, com que nos honrou? Considerai, Cleantes, o que estais de facto a afirmar quando representais a Deidade como similar à mente e ao entendimento humanos. O que é a alma do homem? Uma mistura de várias faculdades, paixões, sentimentos, ideias, unidas, é verdade, num eu ou pessoa, mas ainda assim distintas umas das outras. Quando ela raciocina, as ideias, que são as partes do seu discurso, dispõem-se por si mesmas numa certa forma ou ordem, que não se conserva intacta por um momento sequer, mas dá imediatamente lugar a outro arranjo. Surgem novas opiniões, novas paixões, novos afectos, novos sentimentos, que alteram constantemente o cenário mental e produzem nele a maior variedade e

---

tem sido usado para sustentar que a única forma de conhecer a Divindade é por uma qualquer forma de experiência mística.

a mais rápida sucessão imaginável. Como é isto compatível com a absoluta imutabilidade e simplicidade que todos os verdadeiros teístas atribuem à Deidade? Pelo mesmo acto, dizem eles, ela vê o passado, o presente e o futuro; o seu amor e o seu ódio, a sua misericórdia e a sua justiça, são uma única operação individual; ela está toda em cada ponto do espaço e completa em cada instante da duração. Nenhuma sucessão, nenhuma mudança, nenhuma aquisição, nenhuma diminuição. O que ela é não implica qualquer sombra de distinção ou de diversidade. E o que ela é neste momento sempre foi e será, sem nenhum juízo, sentimento ou operação novos. Mantém-se fixa num estado simples e perfeito; e nunca podereis adequadamente dizer que este seu acto é diferente daquele outro ou que este juízo ou ideia foi formado recentemente e dará lugar, por sucessão, a um juízo ou ideia diferente.

Posso admitir facilmente, disse Cleantes, que aqueles que sustentam a absoluta simplicidade do Ser supremo, no grau que a haveis explicado, são verdadeiros *místicos* e podem ser acusados de todas as consequências que retirei da sua opinião. São, numa palavra, ateus sem o saberem. Pois, embora se reconheça que a Deidade possui atributos de que não temos a menor compreensão, não devemos no entanto imputar-lhe atributos que sejam absolutamente incompatíveis com a natureza inteligente que lhe é essencial. Uma mente cujos actos, sentimentos e ideias não são distintos e sucessivos – que é completamente simples e totalmente imutável – é uma mente que não tem pensamento, razão, vontade, sentimento, amor e ódio ou, numa palavra, que não é de todo em todo uma mente. Designá-la dessa forma é um abuso dos termos e podemos igualmente falar de extensão limitada sem figura ou de número sem composição.

Rogo-vos, disse Fílon, que considereis contra quem estais agora a invectivar. Estais a honrar com a designação de ateus quase todos os íntegros teólogos ortodoxos que trataram deste assunto; e, no fim, ireis descobrir que, de acordo com a vossa estimativa, sois o único teísta íntegro que existe no mundo. Mas, se os idólatras são ateus, como penso que se pode correctamente afirmar, assim como os teólogos Cristãos, o que será do célebre argumento derivado do consenso universal([XL]) da humanidade?

Mas, como sei que não vos deixais influenciar muito por nomes e por autoridades, tentarei mostrar-vos com um pouco mais de clareza os inconvenientes do antropomorfismo que haveis abraçado e provar que não há razões para supor que se tenha formado na mente divina um plano do mundo, consistindo em ideias distintas e diferentemente ordenadas, da mesma maneira que um arquitecto forma na sua cabeça o plano de uma casa que tenciona executar.

Concedo que não é fácil ver o que se ganha com esta suposição, quer julguemos a questão pela *razão* quer julguemos pela *experiência*. Somos ainda obrigados a remontar mais acima, para descobrir a causa desta causa que considerastes satisfatória e conclusiva.

Se a *razão* (quero dizer a razão abstracta, derivada de investigações *a priori*) não for igualmente muda a respeito de todas as questões sobre causas e efeitos arriscar-se-á pelo menos a proferir a seguinte afirmação: que um mundo mental ou um universo de ideias requer uma causa tanto quanto um mundo material ou um universo de objectos; e se forem semelhantes no seu arranjo devem requerer uma causa semelhante. Pois, o que existe neste assunto que deva originar uma conclusão ou uma inferência diferente? De um ponto de vista abstracto, eles são completamente idênticos e qualquer dificuldade que acompanhe uma das suposições é comum a ambas.

([XL]) Trata-se do argumento que a partir da crença quase universal numa qualquer espécie de deus ou deuses procura concluir que existe uma divindade. Cf. Cícero, *Da Natureza dos Deuses*, I, 44.

Além disso, quando precisamos forçar a *experiência* a pronunciar um veredicto, mesmo sobre estes assuntos que estão fora da sua esfera, ela não só não pode detectar neste ponto qualquer diferença importante entre estes dois géneros de mundos, como percebe que são governados por princípios similares e que as suas operações dependem de uma variedade de causas igual. Temos espécimes em miniatura de ambos. A nossa própria mente assemelha-se a um; um corpo animal ou vegetal assemelha-se a outro. Deixai, portanto, que a experiência julgue a partir destas amostras. No que respeita às suas causas nada parece mais delicado do que o pensamento e como estas causas nunca operam da mesma maneira em duas pessoas diferentes, nunca encontramos duas pessoas que pensem de modo exactamente igual. Na verdade, nem a mesma pessoa pensa de modo exactamente igual em dois períodos de tempo diferentes. Uma diferença de idade, de disposição do seu corpo, de clima, de alimentação, de companhia, de livros, de paixões; qualquer um destes aspectos, ou outros mais pequenos, é suficiente para alterar o extraordinário mecanismo do pensamento e comunicar-lhe movimentos e operações muito diferentes. Tanto quanto podemos julgar, os movimentos dos corpos animais e vegetais não são mais delicados nem dependem de uma maior variedade ou de um ajustamento de causas e princípios mais extraordinário.

Como poderemos, então, satisfazermo-nos em relação à causa daquele Ser que supondes ser o Autor da natureza ou, segundo o vosso sistema antropomórfico, o mundo ideal, ao qual fazeis remontar o mundo material? Não temos razões idênticas para fazer remontar este mundo ideal a outro mundo ideal ou a um novo princípio inteligente? Mas se paramos e não avançamos mais, por que razão ir tão longe? Por que não parar no mundo material? Como podemos dar-nos por satisfeitos sem prosseguir *in infinitum*? E, no fim de contas, que satisfação existe nessa progressão infinita? Relembremos a história do filósofo INDIANO e do seu elefante(XLI). A nada se aplica melhor do que ao tema actual. Se o mundo material se apoia num mundo ideal similar, este mundo ideal deve apoiar-se nalgum outro, e assim por diante, infinitamente. Seria melhor, portanto, nunca olhar para além do mundo material actual. Ao supor que contém em si mesmo o princípio da sua ordem, afirmamos que é de facto Deus e quanto mais cedo chegarmos a esse Ser divino tanto melhor. Quando ides um passo além do sistema mundano, apenas excitais uma disposição inquisitiva que será sempre impossível satisfazer.

Dizer que as diferentes ideias que compõem a razão do Ser supremo se ordenam por si próprias e devido à sua própria natureza é realmente falar sem qualquer significado preciso. Se tem um significado, gostaria de saber por que não é igualmente de bom senso dizer que as partes do mundo material se ordenam por si próprias e devido à sua própria natureza. Pode uma opinião ser inteligível enquanto a outra não é?

Temos, na verdade, experiência de ideias que se ordenam por si próprias e sem qualquer causa *conhecida*. Mas estou certo de que temos uma experiência bastante maior de matéria que faz o mesmo, como em todos os casos de geração e vegetação, onde a análise precisa da causa excede toda a compreensão humana. Temos também experiência de sistemas particulares de pensamento e de matéria que não têm

(XLI) A história aparece pela primeira vez em John Locke: «Se o pobre filósofo hindu (que imaginava que a Terra também precisava de um apoio) se tivesse lembrado desta palavra *substância*, não se teria visto em apuros para procurar um elefante que sustentasse a Terra e uma tartaruga que sustentasse o seu elefante.» (*Ensaio sobre o Entendimento Humano*, Liv. II, XIII, 19). De uma forma ou doutra, tornou-se em seguida recorrente na literatura filosófica e científica de língua inglesa. Bertrand Russell, por exemplo, refere-a em *Why I am not a Christian (Porque não sou cristão,* Porto: Brasília Editora, *sd*, pp. 11-32) e Stephen Hawking faz o mesmo em *A Brief History of Time (Uma Breve História do Tempo,* Lisboa: Gradiva, 1988, p. 17).

qualquer ordem. Do primeiro, na loucura; do segundo, na corrupção. Por que deveríamos então pensar que a ordem é mais essencial a um do que a outro? E se ela requer em ambos uma causa, que ganhamos com o vosso sistema fazendo remontar o universo de objectos a um universo análogo de ideias? O primeiro passo que damos conduz-nos para sempre para diante. Logo, seria sensato que limitássemos todas as nossas investigações ao mundo actual, sem olhar mais longe. Nenhuma satisfação se poderá alguma vez alcançar por intermédio destas especulações que excedem tanto os estreitos limites do entendimento humano.

Sabeis, CLEANTES, que era usual, quando lhes pediam a causa de algum fenómeno, os PERIPATÉTICOS recorrerem às suas *faculdades* ou *qualidades ocultas* e dizer, por exemplo, que o pão alimentava devido à sua faculdade nutritiva e o sene purgava devido à sua faculdade purgativa. Mas descobriu-se que este subterfúgio era apenas o disfarce da ignorância e que estes filósofos, embora menos sinceros, diziam na realidade o mesmo que os cépticos ou o vulgo, que confessavam honestamente não conhecer a causa destes fenómenos. Do mesmo modo, quando se pergunta que causa produz a ordem nas ideias do Ser Supremo, podeis vós, antropomorfistas, indicar outra razão que não seja a de que é uma faculdade *racional* e que essa é a natureza da Deidade? Mas é difícil determinar por que razão uma resposta análoga não é igualmente satisfatória para dar conta da ordem do mundo sem recorrer a um Criador inteligente como aquele em que insistis. Basta dizer que *tal* é a natureza dos objectos materiais e que todos possuem originariamente uma *faculdade* de ordem e proporção. Estas são apenas maneiras mais eruditas e elaboradas de confessar a nossa ignorância e nenhuma das hipóteses tem uma vantagem real sobre a outra, excepto na sua maior conformidade com os preconceitos vulgares.

Haveis exposto este argumento com grande ênfase, respondeu CLEANTES, e pareceis não ter consciência de quão fácil é responder-lhe. Se aponto, mesmo na vida quotidiana, uma causa a um acontecimento, constitui uma objecção, Fílon, o facto de não poder apontar a causa dessa causa nem responder a qualquer nova questão que possa ser incessantemente levantada? E que filósofos se submeteriam a uma regra tão rígida, filósofos que confessam que as causas últimas são totalmente desconhecidas e estão conscientes de que os princípios mais refinados aos quais fazem remontar os fenómenos continuam a ser para eles tão inexplicáveis como estes fenómenos o são para o vulgo? A ordem e arranjo da natureza, o intrigante ajustamento das causas finais, o uso e intenção evidentes de cada parte e órgão; tudo isto proclama na mais clara linguagem uma causa ou Autor inteligente. Os céus e a terra juntam-se no mesmo testemunho; a natureza no seu todo eleva um hino às glórias do seu Criador. Só vós, ou quase, perturbais esta harmonia geral. Vós levantais dúvidas abstrusas, cavilações e objecções. Perguntais-me o que é a causa desta causa? Não sei; não me interessa; não me diz respeito. Encontrei uma Deidade e aqui interrompo a minha investigação. Deixai ir mais longe aqueles que são mais sábios ou mais empreendedores.

Não pretendo ser uma coisa nem outra, respondeu Fílon, e talvez por essa mesma razão nunca devesse ter tentado ir tão longe, especialmente quando tenho consciência de que devo no fim de contas contentar-me com a mesma resposta que desde o princípio e sem mais problemas me poderia ter satisfeito. Se vou ter de continuar a ignorar completamente as causas e não posso explicar absolutamente nada, nunca terá qualquer vantagem afastar momentaneamente uma dificuldade que, vós reconhecei-lo, voltará imediatamente a aparecer na sua máxima força. É verdade que os naturalistas explicam com muita correcção efeitos particulares através de causas mais gerais, embora estas mesmas causas gerais devam no fim permanecer totalmente inexplicáveis. Mas, certamente que nunca pensaram que fosse satisfatório explicar um efeito particular por intermédio de uma causa particular que não se pode explicar mais do que o próprio efeito. Um sistema ideal, que se tenha ordenado a si próprio, sem um desígnio anterior, não é minimamente mais explicável do que um sistema material que atinja de maneira idêntica a sua ordem; e não existe mais dificuldade na última suposição do que na primeira.

Parte V

Mas, continuou FÍLON, para vos mostrar ainda mais inconveniências no vosso antropomorfismo, por favor aceitai um novo exame dos vossos princípios. *Efeitos semelhantes provam causas semelhantes.* Este é o argumento experimental e é, dizeis também, o único argumento teológico. Ora, é certo que quanto maior a semelhança entre os efeitos que são observados e quanto maior a semelhança entre as causas inferidas, mais forte é o argumento. Todo o desvio, de um lado ou doutro, diminui a probabilidade e torna a experiência menos conclusiva. Não podeis duvidar deste princípio nem deveis rejeitar as suas consequências.

Segundo o verdadeiro sistema do teísmo, todas as recentes descobertas em astronomia, que provam a imensa grandeza e magnificência das obras da natureza, constituem outros tantos argumentos adicionais a favor de uma Deidade. Mas, de acordo com a vossa hipótese do teísmo experimental, elas tornam-se outras tantas objecções, por afastarem o efeito ainda mais de toda a semelhança com os efeitos da arte e invenção humanos. Pois se Lucrécio(5), mesmo admitindo o velho sistema do mundo, pôde exclamar,

(5) Lib. II, 1095. [Lucrécio (c. 95-c. 52 a. C.), filósofo romano, autor do poema épico *De Rerum Natura* (*Da Natureza das Coisas*), no qual-

Quis regere immensi summam, quis habere profundi
Indu manu validas potis est moderanter habenas?
Quis pariter cœlos omnes convertere? et omnes
Ignibus ætheriis terras suffire feraces?
Omnibus inve locis esse omni tempore præsto?(XLII)

Se *Túlio*(6) considerou este raciocínio natural ao ponto de o colocar na boca do seu Epicurista(XLIII). *Quibus enim oculis animi intueri potuit vester Plato fabricam illam tanti operis, qua construi a Deo atque œdificari mundum facit? quœ molitio? quœ ferramenta? qui vectes? queœ machinœ? qui ministri tanti muneris fuerunt? quemadmodum autem obedire et parere voluntati architecti aer, ignis, aqua, terra potuerunt?*(XLIV) Se este argumento, digo eu, teve alguma força nas épocas antigas, quanto mais não deverá ter no presente, quando os limites da natureza estão tão infinitamente alargados e um cenário tão magnificente se abre para

---

expõe a filosofia de Epicuro, que explica os fenómenos naturais por intermédio de causas naturais e mecânicas, em vez de por explicações de carácter mítico e divino, e que procura mostrar que alma é mortal e não há razão para temer a morte].

(XLII) «Quem pode reger a totalidade do infinito, quem pode segurar na sua mão, dirigindo-as, as fortes rédeas do que é imenso, quem poderá igualmente virar todos os céus e aquecer com o fogo do éter todas as terras fecundas, estar em todos os lugares e em todo o tempo pronto a...?»

(6) *De Nat. Deor*, Lib. I. [Nome pelo qual era preferencialmente referido Cícero na Inglaterra do século XVIII. Cf. nota XLIX da página 65 sobre Cícero].

(XLIII) Discípulo de Epicuro. Cf. nota XLVIII da página 65 sobre Epicuro.

(XLIV) «Na verdade, com que olhos pôde o vosso Platão ver aquela estrutura duma obra tão grande com a qual faz o mundo ser erguido e edificado por um deus? Qual foi o projecto? Quais os utensílios? Quais as alavancas? Quais os que deram serventia a uma tarefa de tão grande envergadura? De que maneira puderam o ar, o fogo, a água, a terra submeter-se e obedecer à vontade desse arquitecto?»

nós? É ainda mais insensato formar a nossa ideia de uma causa tão ilimitada a partir da nossa experiência das reduzidas produções do desígnio e da invenção humanos.

As descobertas devidas aos microscópios, como abrem um novo universo em miniatura, constituem também, segundo vós, objecções, segundo eu, argumentos. Quanto mais longe estendermos as nossas investigações desta espécie, mais seremos levados a inferir que a causa universal de Tudo é imensamente diferente da humanidade ou de qualquer objecto da experiência e da observação humanas.

E que dizeis das descobertas em anatomia, química e botânica?... Estas não são certamente objecções, respondeu CLEANTES. Elas apenas descobrem novos exemplos de arte e invenção. É ainda a imagem da mente reflectida em nós a partir de inumeráveis objectos. Acrescentai, uma mente *como a humana*, disse FÍLON. Não conheço outra, respondeu CLEANTES. E quanto maior a semelhança melhor, insistiu FÍLON. Sem dúvida, disse CLEANTES.

Agora, CLEANTES, disse FÍLON, com um ar de alacridade e de triunfo, vede as consequências. *Em primeiro lugar*, com este método de raciocínio renunciais a toda a afirmação de infinidade em qualquer dos atributos da Deidade. Pois, como a causa deve ser proporcional apenas ao efeito e o efeito, tanto quanto sabemos, não é infinito, que pretensões temos, com base nas vossas suposições, a aplicar esse atributo ao Ser divino? Tereis de manter que ao afastá-lo tanto de toda a semelhança com as criaturas humanas entregamo-nos às hipóteses mais arbitrárias e enfraquecemos ao mesmo tempo todas as provas da sua existência.

Em segundo lugar, de acordo com a vossa teoria, não tendes qualquer razão para atribuir a perfeição à Deidade, mesmo na sua capacidade finita, ou para supor que os seus empreendimentos estão livres de todo o erro, engano ou incoerência. Há nas obras da natureza muitas dificuldades inexplicáveis, que, se admitirmos que a existência de um

Autor perfeito seja provada *a priori*, são facilmente resolvidas e tornam-se somente dificuldades aparentes, resultantes da estreita capacidade do homem, o qual não pode investigar relações infinitas. Mas, de acordo com o vosso método de raciocínio, estas dificuldades tornam-se todas reais e talvez se afirme que são novos exemplos de semelhança com a arte e a invenção humanas. Tendes pelo menos de reconhecer ser impossível que digamos, com base nos nossos pontos de vista limitados, se este sistema, quando comparado com outros possíveis e mesmo reais, contém grandes defeitos ou se merece grandes elogios. Poderia um camponês a quem lessem a Eneida afirmar que esse poema é absolutamente sem defeito ou mesmo atribuir-lhe o seu lugar apropriado entre as produções do engenho humano, ele que nunca viu qualquer outra produção?

Mas, mesmo que este mundo fosse uma produção tão perfeita, continuaria a ser duvidoso que se pudesse correctamente atribuir ao artífice todas as perfeições da obra. Se examinarmos um navio, que ideia elevada não formaremos do engenho do carpinteiro que construiu uma máquina tão complicada, útil e bela? E que surpresa não deveremos sentir ao verificarmos que se trata de um estúpido mecânico que imitou outros e copiou uma arte que durante uma longa sucessão de épocas, após múltiplas tentativas, enganos, correcções, deliberações e controvérsias, foi gradualmente melhorada? Muitos mundos podem ter sido atamancados e destruídos ao longo de uma eternidade, antes que este sistema tenha surgido; muito trabalho perdido; muitas tentativas infrutíferas feitas; e ter sido levado a cabo durante épocas sem fim um lento, mas gradual aperfeiçoamento na arte de fazer mundos. Quem pode em assuntos como este determinar onde está a verdade, ou melhor, quem pode conjecturar o que é provável, por entre um grande número de hipóteses que podem ser propostas e um número ainda maior que podem ser imaginadas?

E que sombra de argumento podeis produzir a partir da vossa hipótese para provar a unidade da Deidade? Um grande número de homens juntam-se para construir uma casa ou um navio, para edificar uma cidade, para fundar um estado. Por que não podem várias deidades unir-se para conceber e fazer um mundo? Isto é tão-só uma semelhança muito maior com as actividades humanas. Ao distribuir o trabalho por várias Deidades, podemos limitar muito mais os atributos de cada uma e livrarmo-nos desse vasto poder e conhecimento que tem de se supor numa Deidade e que, segundo vós, pode servir apenas para enfraquecer a prova da sua existência. E se criaturas tão estúpidas e depravadas como os homens podem apesar disso unir-se frequentemente para forjar e executar um plano, quanto mais não podem essas Deidades ou Demónios, a quem podemos supor vários graus mais perfeitas?

Multiplicar as causas sem necessidade([XLV]) é, na realidade, contrário à verdadeira filosofia, mas este princípio não se aplica no caso presente. Se a vossa teoria tivesse anteriormente provado a existência de uma Deidade que possuísse todos os atributos necessários à produção do universo, reconheço que seria supérfluo (embora não absurdo) supor a existência de uma outra Deidade. Mas, enquanto se colocar

([XLV]) Referência ao princípio metodológico conhecido como Princípio da Parcimónia ou «navalha de Ockham», segundo o qual «a pluralidade não deve ser postulada sem necessidade». O princípio estabelece a preferência pela simplicidade, pelo que, por exemplo, quando duas teorias explicam igualmente os factos, deve-se preferir a mais simples. Para Hume, que pretendia aplicar à filosofia o método que Newton tinha aplicado à física, este princípio era reforçado pela Regra I do Livro III do *Fílosophiae Naturalis Principia Mathematica*: «We are to admit no more causes of natural things than such as are both true and sufficient to explian their appearance.» (Não admitimos mais causas das coisas naturais do que as que são verdadeiras e suficientes para explicar o seu aparecimento.)

a questão de saber se todos estes atributos estão unidos num sujeito ou dispersos por vários Seres independentes, por intermédio de que fenómenos da natureza podemos pretender decidir a controvérsia? Quando vemos um corpo elevar-se no prato de uma balança, temos a certeza de que existe no prato oposto, por mais escondido que esteja da vista, um peso igual que o contrabalança; mas podemos ainda perguntarmo-nos se esse peso é um agregado de vários corpos distintos ou uma massa uniformemente unida. E se o peso necessário excede em muito tudo o que alguma vez vimos reunido num corpo simples, a primeira suposição torna-se ainda mais provável e natural. Um ser inteligente com um poder e capacidade tão vastos como o que é necessário para produzir o universo ou, para falar na linguagem da filosofia antiga, um animal tão prodigioso, está para além de toda a analogia e mesmo de toda a compreensão.

Além disso, CLEANTES, os homens são mortais e renovam a sua espécie por geração; e isto é comum a todas as criaturas vivas. Os dois grandes sexos, macho e fêmea, diz MILTON([XLVI]), animam o mundo. Por que deve esta circunstância, tão universal e tão essencial, ser excluída dessas Deidades numerosas e limitadas? Contemplai então a teogonia([XLVII]) dos tempos antigos a ser-nos trazida de volta.

E por que não se tornar um antropomorfista completo? Por que não afirmar que a Deidade ou Deidades são corpóreas e

---

([XLVI]) Milton, John (1608-1674), um dos grandes poetas de língua inglesa, superado apenas por Shakespeare. *Paradise Lost* (que narra a rebelião de Satanás contra Deus, a sua expulsão do céu e a tentação e expulsão de Adão e Eva dos Jardins do Éden) é geralmente considerado o mais importante poema épico escrito em língua inglesa.

([XLVII]) Relato da genealogia dos deuses. A referência de Hume aos «tempos antigos» remete certamente para a mitologia grega e para a obra poética de Homero, a *Ilíada* e a *Odisseia*, e, principalmente, de Hesíodo, cujo poema *Teogonia* é a fonte mais importante acerca dos mitos da origem dos deuses.

têm olhos, nariz, boca, ouvidos, etc.? EPICURO(XLVIII) afirmava que nunca ninguém tinha visto a razão a não ser numa figura humana e que, logo, os deuses têm de ter uma figura humana. E este argumento, que é merecidamente tão ridicularizado por Cícero(XLIX), torna-se, de acordo convosco, sólido e filosófico.

Numa palavra, CLEANTES, alguém que siga a vossa hipótese será talvez capaz de afirmar ou conjecturar que o universo, no passado, surgiu de algo semelhante ao desígnio, mas além dessa posição não pode garantir nenhuma outra circunstância e tem depois de estabelecer todos os pontos da sua teologia usando a fantasia e as hipóteses com a máxima liberdade. Por aquilo que sabe, quando comparado com um padrão superior,

---

(XLVIII) Epicuro (341-271 a. C), filósofo grego que em 306 fundou em Atenas uma escola chamada «Jardim». Parece ter escrito à volta de 300 livros que se perderam todos à excepção de alguns fragmentos e algumas cartas, pelo que a melhor fonte para a sua filosofia é o poema *Da Natureza das Coisas* de Lucrécio. Epicuro retomou e desenvolveu as teorias atomistas de Leucipo e Demócrito, defendendo que tudo o que existe é constituído por átomos e espaço vazio, ambos infinitos. Aceitava a existência dos deuses, mas, ao contrário dos teístas, negava que se interessassem pelos assuntos humanos e tivessem alguma intervenção no mundo, pelo que negava a existência de uma providência divina. Negava igualmente a imortalidade da alma e a vida depois da morte. Epicuro via no medo da morte e no medo dos deuses, ambos com origem na religião, o grande obstáculo à felicidade. Pregava uma vida simples e afastada dos interesses mundanos, o cultivo da amizade e a supressão do medo da morte como a melhor forma de obter a tranquilidade ou *ataraxia*, que constitui a forma mais elevada de felicidade.

(XLIX) Cícero, Marco Túlio (106-43 a. C.), estadista, orador, advogado e homem de letras romano. Os seus escritos incluem livros de retórica, tratados filosóficos e políticos e cartas. As suas obras filosóficas, apesar de inspiradas no pensamento grego e terem por fim, como disse, «ensinar a filosofia a falar latim», exerceram uma grande influência e foram profundamente estudadas na Renascença e nos séculos XVIII e XIX. Fílon alude aqui à crítica de Cícero, no Livro I de *Da Natureza dos Deuses,* do ponto de vista epicurista sobre os deuses.

este mundo é muito defeituoso e imperfeito; e foi apenas a primeira e grosseira tentativa de uma Deidade infantil, que a seguir o abandonou, envergonhada da sua defeituosa realização; é meramente a obra de uma Deidade inferior e subalterna e constitui o objecto de troça dos seus superiores; é a produção de velhice e de senilidade de uma Deidade aposentada e, desde a sua morte, continua à aventura, devido ao primeiro impulso e à força activa que dela recebeu... Vós dais com justeza sinais de horror, Demea, perante estas estranhas suposições, mas estas e mil outras da mesma espécie são suposições de Cleantes e não minhas. A partir do momento em que se supõe que os atributos da Deidade são finitos, todas elas têm lugar. Pela minha parte, não posso pensar que um sistema teológico tão extravagante e instável seja, sob qualquer aspecto, preferível a nenhum.

Rejeito completamente estas suposições, exclamou Cleantes. Porém, elas não me causam nenhum horror, especialmente quando são propostas da forma irregular como as proferis. Pelo contrário, dão-me prazer, quando vejo que pela máxima indulgência da vossa imaginação nunca vos vedes livre da hipótese do desígnio no universo e a todo o momento sois obrigado a usá-la. Adiro firmemente a esta concessão e considero-a um fundamento suficiente para a religião.

Parte VI

A construção que pode ser edificada sobre uma fundação tão instável tem de ser, na verdade, frágil, disse DEMEA. Enquanto não tivermos a certeza de que existe uma ou muitas Deidades, de que a Deidade ou Deidades a quem devemos a nossa existência são perfeitas ou imperfeitas, subordinadas ou supremas, mortas ou vivas, que esperança ou confiança podemos depositar nelas? Que devoção ou culto lhes prestar? Que veneração ou obediência lhes testemunhar? A teoria da religião torna-se completamente inútil para todos os propósitos da vida e mesmo no que diz respeito às consequências especulativas, a sua incerteza, segundo vós, deve torná-la completamente precária e insatisfatória.

Para a tornar ainda mais insatisfatória, disse FÍLON, ocorre-me outra hipótese que, segundo o método de raciocínio em que CLEANTES tanto insiste, deve parecer provável. Ele supõe que o princípio segundo o qual efeitos semelhantes têm origem em causas semelhantes é o fundamento de toda a religião. Mas há outro princípio da mesma espécie, que é igualmente certo e também tem origem na experiência, a saber, que quando se *observa* que várias circunstâncias conhecidas são semelhantes, as desconhecidas *revelar-se-ão* também semelhantes. Assim, se vemos os membros de um corpo humano, concluímos que é igualmente acompanhado por uma cabeça humana, embora escondida de nós. Assim, se vemos uma pequena parte do sol através de uma fenda na parede, concluímos que se a parede fosse removida, vê-lo-íamos todo. Em resumo, este método de raciocínio é tão óbvio e familiar que não se pode duvidar da sua solidez.

Ora, se examinarmos o universo, tanto quanto o nosso conhecimento alcança ele é muito semelhante a um animal ou a um corpo organizado e parece ser movido por um princípio de vida e movimento idêntico. A circulação contínua da matéria não produz nele qualquer desordem; o desgaste contínuo de cada parte é incessantemente reparado; observa-se a mais estreita harmonia em todo o sistema; e cada parte ou membro, ao realizar as suas funções próprias, opera para a sua própria preservação e para a do todo. Logo, infiro que o mundo é um animal e que a Deidade é a ALMA do mundo, movendo-o e sendo movida por ele.

Sois demasiado instruído, Cleantes, para ficardes de algum modo surpreendido com esta opinião que, como sabeis, foi defendida por quase todos os teístas da antiguidade e prevalece principalmente nos seus discursos e nos seus raciocínios. Pois, embora às vezes os antigos filósofos raciocinem a partir de causas finais, como se pensassem que o mundo é a obra de Deus, parece contudo que a sua noção favorita era considerá-lo de preferência como o seu corpo, cuja organização o torna subserviente a ele. E tem de ser confessado que, como o universo se assemelha mais a um corpo humano do que às obras da arte e invenção humanas, se a nossa analogia limitada pudesse alguma vez ser estendida apropriadamente a toda a natureza, a inferência pareceria mais justa a favor da antiga do que da moderna teoria.

Há também muitas outras vantagens na primeira teoria, que a recomendava aos teólogos antigos. Nada repugnava mais a todas as suas concepções, porque nada repugna mais à experiência comum, do que uma mente sem um corpo; uma mera substância espiritual que não podiam sentir nem compreender e da qual nunca tinham observado um único exemplo em toda a natureza. Conheciam a mente e o corpo, porque os sentiam a ambos; conheciam igualmente uma ordem, arranjo, organização ou mecanismo interno em ambos da mesma maneira, pelo que não lhes podia deixar de parecer sensato transferir esta experiência para o universo e supor que também a mente e o corpo divinos são contemporâneos e têm quer um quer outro uma ordem e arranjo que lhes são naturalmente inerentes e inseparáveis.

Eis aqui, portanto, uma nova espécie de antropomorfismo, CLEANTES, no qual podeis reflectir, e uma teoria que não parece exposta a quaisquer dificuldades importantes. Sois certamente muito superior a *preconceitos sistemáticos* para encontrardes mais dificuldades em supor que um corpo animal possui originariamente ordem e organização, por si próprio ou devido a causas desconhecidas, do que em supor que uma ordem semelhante pertença à mente. Mas o *preconceito vulgar*, segundo o qual o corpo e a mente devem sempre acompanhar-se um ao outro, não deve ser – somos obrigados a pensá-lo – completamente negligenciado, visto que se funda na *experiência vulgar*, que é o único guia que professais seguir em todas estas investigações teológicas. E se afirmais que a nossa limitada experiência é um padrão desigual pelo qual julgar a extensão ilimitada da natureza, abandonais completamente a vossa própria hipótese e deveis doravante adoptar o nosso misticismo([L]), como lhe chamais, e admitir a absoluta incompreensibilidade da natureza divina.

([L]) Em geral, o misticismo é a crença na possibilidade de, por intermédio de experiências místicas, isto é, de certos estados ou formas de consciência, que podem ser encontrados em praticamente todas as tradições religiosas e mesmo fora delas, ter conhecimento de realidades que não podem ser conhecidas através da percepção sensorial, da razão

Confesso, respondeu CLEANTES, que, embora esta teoria seja bastante natural, nunca me ocorreu antes e não posso, com base num exame e numa reflexão tão breves, emitir de imediato uma opinião a seu respeito. Sois de facto muito escrupuloso, disse FÍLON. Se fosse eu que examinasse um sistema vosso, não agiria com metade da cautela e reserva ao levantar-lhe objecções e dificuldades. No entanto, se vos ocorre alguma coisa, fazei o favor de o propor.

---

e do pensamento conceptual. Exemplos frequentes deste tipo de experiências são a «experiência do Absoluto», a «união com o transcendente», a «consciência imediata da presença de Deus», etc. Na filosofia e na teologia ocidentais, a presença e influência do misticismo é importante e profunda. A filosofia de Platão tem um forte cunho místico (por exemplo, na sua teoria do mundo inteligível, nas suas teorias da transmigração e da reminiscência, e nas teorias acerca da origem das almas do mundo e humana). Este cunho místico acentua-se em Plotino (para quem o fim da vida humana e da filosofia é um regresso místico da alma para Deus) e, com o Cristianismo, perpetua-se quer nos filósofos e teólogos medievais quer, depois da Reforma, nos filósofos e teólogos católicos e protestantes. De uma maneira geral, o catolicismo ensina que a visão de Deus é obra da graça e a recompensa da vida eterna e, por consequência, nesta vida apenas umas poucas almas, por especial graça, podem alcançá-la. No protestantismo, pelo contrário, que nega toda a autoridade eclesiástica e advoga a união directa da alma com Deus (aquilo a que Hume em "Da Superstição e do Entusiasmo" crítica debaixo da designação de entusiasmo, como uma das fontes de falsa religião), o misticismo tem uma presença mais forte. Nos séculos seguintes, e, apesar do racionalismo dos iluministas, o misticismo tem um papel de destaque nos sistemas de filósofos como Melebranche (cf. nota da página 13), Fichte e Schelling. Os filósofos estão principalmente interessados em saber se as experiências místicas constituem uma forma de conhecimento e se se justificam as alegações que os místicos fazem com base nelas, pelo que as discussões filosóficas contemporâneas do misticismo tendem a centrar-se em questões como «O que é o misticismo?», «O que caracteriza a experiência mística?», «Há tipos diferentes de experiência mística?», e «As experiências místicas são uma forma de conhecimento?».

Eis então, respondeu CLEANTES, porque me parece que, embora em muitas circunstâncias o mundo se assemelhe ao corpo de um animal, a analogia, no entanto, é defeituosa em muitas outras que são da maior importância: nenhuns órgãos dos sentidos; nenhum centro do pensamento ou razão; nenhuma origem exacta do movimento e acção. Em resumo, ele parece apresentar uma semelhança mais forte com um vegetal do que com um animal e isso torna a vossa inferência a favor da alma do mundo até esta altura inconclusiva.

Mas a vossa teoria parece implicar além disso a eternidade do mundo e esse é um princípio que eu penso poder ser refutado pelas mais fortes razões e probabilidades. Vou sugerir para este fim um argumento a que, acredito eu, nenhum escritor deu relevo. Talvez aqueles que baseiam os seus raciocínios na origem tardia das artes e das ciências, embora as suas inferências não tenham falta de força, possam ser refutados por considerações derivadas da natureza da sociedade humana, que está em revolução contínua entre a ignorância e o conhecimento, a liberdade e a escravidão, a riqueza e a pobreza, de forma que não nos é possível, a partir da nossa limitada experiência, predizer com segurança que acontecimentos podem ou não ser esperados. A sabedoria e a história antigas parecem ter corrido o perigo sério de perecer completamente após a invasão das nações bárbaras e se estas convulsões tivessem durado um pouco mais ou sido um pouco mais violentas, provavelmente agora não saberíamos o que se passou no mundo poucos séculos antes de nós. Mais que isso, se não fosse a superstição dos Papas, que preservaram algum jargão do LATIM para apoiar a aparência de uma igreja antiga e universal, essa língua ter-se-ia inteiramente perdido, caso em que o mundo Ocidental, sendo completamente bárbaro, não teria estado em condições adequadas para receber a língua e a sabedoria GREGAS, que lhe foram transmitidas após o saque de CONSTANTINOPLA. Quando o saber e os livros tivessem sido extintos, até as artes mecânicas teriam caído consideravelmente em decadência; e é fácil imaginar que a fábula ou a tradição pudessem atribuir-lhes uma origem muito mais tardia do que a verdadeira. Por conseguinte, este argumento comum contra a eternidade do mundo parece ser um pouco precário.

Mas parece estar aqui o fundamento de um argumento melhor. LÚCULO[LI] foi o primeiro a trazer as cerejeiras da ÁSIA para a EUROPA, embora essa árvore floresça tão bem em tantos climas EUROPEUS que cresce nos bosques sem qualquer cultivo. É possível que durante uma eternidade inteira nenhum europeu tenha passado na ÁSIA e pensado em transplantar um fruto tão delicioso no seu próprio país? Ou se essa árvore foi outrora transplantada e disseminada, como pôde ter perecido depois? Os impérios podem erguer-se e cair; a liberdade e a escravidão sucederem-se alternadamente; a ignorância e o conhecimento darem lugar um ao outro; mas a cerejeira continuará a existir nos bosques da GRÉCIA, da ESPANHA e da ITÁLIA e nunca será afectada pelas mudanças da sociedade humana.

Não passaram dois mil anos desde que as vinhas foram transplantadas para FRANÇA, embora não exista clima no mundo que lhes seja mais favorável. Não passaram três séculos desde que os cavalos, as vacas, as ovelhas, os porcos, os cães e os cereais são conhecidos na AMÉRICA. Seria possível que durante as revoluções de uma eternidade inteira, nunca tivesse surgido um COLOMBO que abrisse a comunicação entre a EUROPA e esse continente? Isso seria como imaginar que todos os homens tivessem vestido meias durante dez mil anos e nunca tivessem pensado em jarreteiras para atá-las. Todas estas parecem provas convincentes da juventude, ou melhor, da infância do mundo, visto que se fundam na operação de princípios mais constantes e estáveis do que

---

([LI]) Lúculo (117-58/56 a. C.), general romano que combateu Mitridates VI Eupator, rei do Ponto, na Ásia Menor, de 74 a 66.

aqueles que governam e dirigem a sociedade humana. Só uma convulsão total dos elementos destruirá para sempre todos os animais e vegetais Europeus que se encontram agora no mundo Ocidental.

E que argumento, respondeu Fílon, tendes contra tais convulsões? Em toda a terra se pode achar provas convincentes e quase incontestáveis de que cada parte deste globo esteve durante muitas épocas completamente coberta de água. E mesmo que se supusesse que a ordem é inseparável e inerente à matéria, ainda assim a matéria seria susceptível de muitas e grandes revoluções através dos períodos sem fim da duração eterna. As mudanças contínuas a que cada uma das suas partes está sujeita parecem sugerir algumas transformações gerais desse tipo, embora, ao mesmo tempo, se possa observar que todas as mudanças e corrupções de que tivemos experiência são apenas a passagem de um estado de ordem a outro e que a matéria não pode manter-se sempre numa deformação e confusão totais. O que vemos nas partes podemos inferir no todo; pelo menos, este é o método de raciocínio em que apoiais toda a vossa teoria. E se fosse obrigado a defender um sistema particular desta natureza (o que nunca faria de bom grado), nenhum consideraria mais plausível do que aquele que atribui ao mundo um princípio de ordem inerente e eterno, embora acompanhado de grandes e contínuas revoluções e alterações. Isto resolveria de uma só vez todas as dificuldades e se a solução, por ser tão geral, não é inteiramente completa e satisfatória, é, pelo menos, uma teoria a que, mais cedo ou mais tarde, teremos de recorrer, qualquer que seja o sistema que adoptemos. Como poderiam as coisas ter sido como são, se não existisse algures, no pensamento ou na matéria, um princípio original e inerente de ordem? E é completamente indiferente qual dos dois preferimos. Seja na hipótese céptica seja na religiosa, o acaso não tem lugar. Tudo é certamente governado por leis fixas e invioláveis. E se a essência íntima das coisas se nos revelasse, descobriríamos então um cenário do qual presentemente não podemos ter qualquer ideia. Em vez de admirarmos a ordem dos seres naturais, veríamos claramente que lhes teria sido absolutamente impossível, no mais pequeno detalhe, permitir qualquer outra disposição.

Se alguém pensasse em reviver a antiga Teologia Pagã, que sustentava, como descobrimos em HESÍODO([LII]), que este globo era governado por 30 000 Deidades que nasceram dos poderes desconhecidos da natureza, iríeis naturalmente objectar, CLEANTES, que nada se ganha com esta hipótese e que é igualmente fácil supor que todos os homens e animais – seres mais numerosos, mas menos perfeitos – brotaram directamente de uma origem semelhante. Levai a mesma inferência um passo adiante e descobrireis que uma numerosa sociedade de Deidades se explica tão bem quanto uma Deidade universal que possuiu em si mesma os poderes e as perfeições de toda a sociedade. Deveis então admitir que, segundo os vossos princípios, todos estes sistemas – cepticismo, politeísmo e teísmo – estão em pé de igualdade e que nenhum deles tem vantagem alguma sobre os outros. Podeis por aí conhecer a falácia dos vossos princípios.

([LII]) Hesíodo (c. 700 a. C.), um dos primeiros poetas gregos, de quem chegaram até nós dois poemas épicos, *Teogonia*, que relata os mitos da origem do mundo e dos deuses, e *Os Trabalhos e os Dias*, que descreve a vida no campo.

Parte VII

Mas, neste ponto, continuou FÍLON, ao examinar o antigo sistema da alma do mundo ocorre-me de súbito uma nova ideia que, se estiver correcta, pouco faltará para subverter todo o vosso raciocínio e até para destruir as inferências primeiras nas quais depositais tanta confiança. Se o universo apresenta uma semelhança maior com os corpos animais e vegetais do que com as obras da arte humana, é mais provável que a sua causa se assemelhe à causa dos primeiros do que à causa das últimas; e a sua origem deve ser atribuída de preferência à geração ou vegetação do que à razão ou ao desígnio. A vossa conclusão, mesmo segundo os vossos princípios, é por consequência insatisfatória e defeituosa.

Rogo-vos que desenvolvais um pouco mais este argumento, disse DEMEA, pois não o compreendo correctamente na forma concisa como o expressaste.

O nosso amigo CLEANTES, respondeu FÍLON, como vós haveis ouvido, afirma que, uma vez que nenhuma questão de facto pode ser provada a não ser pela experiência, a existência de uma Deidade não pode ser provada por qualquer outro meio. O mundo, diz ele, assemelha-se às obras do artifício humano; portanto, a sua causa tem também de se assemelhar à causa dessas obras. Poderíamos neste ponto observar que a operação de uma parte muito pequena da natureza – a saber, o homem – sobre outra parte muito pequena – a saber, a matéria inanimada que está ao seu alcance – é a regra pela qual Cleantes julga da origem do todo; e que ele avalia objectos tão amplamente desproporcionados pelo mesmo padrão individual. Mas, pondo de lado todas as objecções tiradas deste tópico, afirmo que existem outras partes do universo (além das máquinas de invenção humana) que apresentam uma semelhança ainda maior com a estrutura do mundo e que, por conseguinte, proporcionam uma conjectura melhor acerca da origem universal deste sistema. Estas partes são os animais e os vegetais. O mundo assemelha-se claramente mais a um animal ou a um vegetal do que a um relógio ou a um tear. Por consequência, é mais provável, que a sua causa se assemelhe à causa dos primeiros. A causa dos primeiros é a geração ou a vegetação. Portanto, podemos inferir que a causa do mundo é uma coisa similar ou análoga à geração ou à vegetação.

Mas, como se pode conceber, disse Demea, que o mundo tenha origem em algo similar à vegetação ou à geração?

Muito facilmente, respondeu Fílon. Tal como uma árvore espalha as suas sementes nos campos vizinhos e produz outras árvores, assim o grande vegetal, o mundo, ou este sistema planetário, produz dentro de si determinadas sementes que sendo disseminadas no caos circundante vegetam em novos mundos. Um cometa, por exemplo, é a semente de um mundo; e após ter amadurecido completamente, passando de sol para sol e de estrela para estrela, é por fim lançado nos elementos informes que rodeiam por toda a parte este universo e imediatamente germina num novo sistema.

Ou se, para variar (pois não vejo nenhuma outra vantagem), supusermos que este mundo é um animal, um cometa é o ovo deste animal e, tal como uma avestruz põe o seu ovo na areia, que, sem nenhum cuidado adicional, o choca e produz um novo animal, de mesma forma...

Eu compreendo-vos, disse DEMEA. Mas que suposições extravagantes e arbitrárias são estas? Que *dados* tendes a favor de conclusões tão extraordinárias? E é a semelhança ligeira e imaginária do mundo com um vegetal ou um animal suficiente para estabelecer a mesma inferência a respeito de ambos? Será que objectos que são em geral tão amplamente diferentes devem ser padrão um do outro?

Exactamente, grita FÍLON. Este é o ponto no qual sempre insisti. Afirmei ainda que não temos *dados* para estabelecer qualquer sistema de cosmogonia. A nossa experiência, em si mesma tão imperfeita e tão limitada tanto em extensão como em duração, não nos fornece qualquer conjectura provável acerca da totalidade das coisas. Mas, se tivermos de decidirmo-nos por uma hipótese, rogo-vos que digais por que regra devemos determinar a nossa escolha? Existe outra regra para além da grande similaridade dos objectos comparados? E uma planta ou um animal, que brota da vegetação ou da geração, não exibe uma semelhança maior com o mundo do que qualquer máquina artificial que surja da razão e do desígnio?

Mas, disse DEMEA, o que é esta vegetação e geração de que falais? Podeis explicar as suas operações e anatomizar a delicada estrutura interna de que dependem?

Tanto pelo menos, respondeu FÍLON, quanto CLEANTES pode explicar as operações da razão ou anatomizar a estrutura interna da qual *ela* depende. Mas, quando vejo um animal infiro, sem nenhuma dessas complicadas disquisições, que nasceu por geração; e isso com uma certeza tão grande quanto vós concluís que uma casa foi erigida pelo desígnio. Estas palavras, *geração* e *razão*, indicam apenas certos poderes e energias da natureza, cujos efeitos são conhecidos, mas cuja essência é incompreensível; e nenhum destes princípios tem, mais do que o outro, direito a ser considerado como padrão para a totalidade da natureza.

Na realidade, Demea, pode-se razoavelmente esperar que quanto mais amplas forem as perspectivas que temos das coisas, melhor nos conduzirão nas nossas conclusões acerca de assuntos tão extraordinários e tão magnificentes. Só neste pequeno canto do mundo há quatro princípios, *razão*, *instinto*, *geração*, *vegetação*, que são similares uns aos outros e são as causas de efeitos similares. Que quantidade de outros princípios não poderíamos naturalmente supor na imensa extensão e variedade do universo, se pudéssemos viajar de planeta para planeta e de sistema para sistema, a fim de examinar cada parte desta poderosa estrutura? Qualquer um dos quatro princípios acima mencionados (e uma centena de outros que se abrem à nossa conjectura) pode fornecer-nos uma teoria pela qual julgar da origem do mundo; e constitui uma parcialidade manifesta e notável limitar inteiramente a nossa perspectiva ao princípio pelo qual as nossas próprias mentes operam. Se com isso este princípio se tornasse mais inteligível, tal parcialidade poderia ser um tanto desculpável. Mas a razão, na sua trama e estrutura internas, é-nos realmente tão pouco conhecida quanto o instinto ou a vegetação e talvez até aquela palavra vaga e indeterminada, natureza, à qual o vulgo tudo reduz, não seja no fundo mais inexplicável. Conhecemos por experiência os efeitos destes princípios, mas os próprios princípios e a sua maneira de operar são totalmente desconhecidos. E dizer que o mundo surgiu por vegetação de uma semente lançada por outro mundo não é menos inteligível ou está menos de acordo com a experiência, do que dizer que surgiu de uma razão ou de uma invenção divinas, no sentido em que Cleantes as entende.

Mas, parece-me, disse Demea, que se o mundo tivesse uma qualidade vegetativa e pudesse semear as sementes de novos mundos no caos infinito, este poder seria ainda um argumento adicional a favor da existência de desígnio no seu

Autor. Pois donde poderia surgir uma faculdade tão maravilhosa a não ser do desígnio? Ou como poderia a ordem brotar de uma coisa que não percebesse essa ordem que conferia?

Precisais apenas de olhar em vosso redor, respondeu FÍLON, para vos satisfazerdes a respeito desta questão. Uma árvore confere ordem e organização à que brota dela sem conhecer essa ordem; um animal faz o mesmo em relação à sua descendência; um pássaro, à sua ninhada; e exemplos deste género são mesmo mais frequentes no mundo do que aqueles em que a ordem surge da razão e da invenção. Dizer que toda esta ordem nos animais e nos vegetais provém, em última instância, do desígnio é supor o que está em discussão; e esse importante ponto não pode ser estabelecido a não ser provando *a priori* não só que a ordem está, devido à sua natureza, inseparavelmente ligada ao pensamento, mas também que nunca pode, por si ou a partir de princípios originais desconhecidos, pertencer à matéria.

Mas, DEMEA, além disso, CLEANTES nunca poderá fazer uso desta objecção que levantais sem renunciar a uma defesa que já empregou contra uma das minhas objecções. Quando o interroguei acerca da causa desta razão e inteligência supremas na qual ele tudo resolve, disse-me que a impossibilidade de responder a tais questões nunca poderia ser aceite como objecção em qualquer espécie de filosofia. *Temos de parar algures*, diz ele; *e nunca estará ao alcance da capacidade humana explicar as causas últimas ou mostrar as conexões derradeiras de quaisquer objectos. É suficiente que até aonde vamos os passos sejam apoiados pela experiência e observação*. Ora, é inegável que a experiência nos mostra que a vegetação e a geração, tal como a razão, são princípios de ordem na natureza. Se baseio o meu sistema cosmogónico nos primeiros, em vez de no último, sou eu que escolho. A questão parece completamente arbitrária. E quando CLEANTES me pergunta qual a causa da minha grande faculdade vegetativa ou geradora, também tenho o direito de lhe perguntar qual a causa do seu grande princípio racional. Concordámos em evitar estas questões de ambos os lados e é principalmente do seu interesse manter-se fiel a este acordo presentemente. A julgar pela nossa limitada e imperfeita experiência, a geração tem algumas vantagens sobre a razão, pois vemos todos os dias a última provir da primeira e nunca a primeira da última.

Comparai, peço-vos, as consequências de ambos os lados. O mundo, digo eu, assemelha-se a um animal; portanto, é um animal; portanto, proveio da geração. Confesso que os passos são largos; apesar disso, existe uma pequena aparência de analogia em cada passo. O mundo, diz CLEANTES, assemelha-se a uma máquina; portanto, é uma máquina; portanto, proveio do desígnio. Os passos são aqui igualmente largos e a analogia menos impressionante. E se ele pretende levar a *minha* hipótese um passo avante e inferir o desígnio ou a razão do grande princípio de geração que eu sustento, posso, com mais autoridade, usar a mesma liberdade para impelir mais além a *sua* hipótese e inferir do seu princípio de razão uma geração divina ou teogonia. Tenho a meu favor pelo menos uma leve sombra de experiência, que é o máximo que alguém pode esperar ter no presente assunto. Vemos a razão surgir em muitos casos do princípio de geração e nunca vemos surgir de qualquer outro princípio.

HESÍODO e todos os mitólogos([LIII]) antigos estavam tão impressionados com esta analogia que explicaram universalmente a origem da natureza por um nascimento animal e uma cópula. PLATÃO, tanto quanto conseguimos compreendê-lo,

([LIII]) Termo genérico para referir as pessoas que são especialistas em mitos. Pela expressão «mitólogos antigos», Hume designa aqui uma classe muito diversa de pessoas, uma vez que os mitos estão presentes em todo o tipo obras da Antiguidade: poemas, obras filosóficas, comédias, tragédias, discursos de oratória, etc.

também parece ter adoptado uma noção semelhante no seu TIMEU([LIV]).

Os BRÂMANES([LV]) afirmam que o mundo surgiu de uma aranha infinita, que teceu toda esta complicada massa das suas entranhas e que posteriormente o aniquilará, na totalidade ou em parte, reabsorvendo-o e dissolvendo-o na sua própria essência. Eis aqui uma espécie de cosmogonia que nos parece ridícula, porque uma aranha é um animal pequeno e desprezível, cujas operações certamente nunca tomaríamos como modelo da totalidade do universo. Mas, ainda assim, eis aqui, mesmo no nosso globo, uma nova espécie de analogia. E se existisse um planeta completamente habitado por aranhas (o que é muito possível), esta inferência pareceria aí tão natural e irrefragável quanto a inferência que no nosso planeta atribui a origem de todas as coisas ao desígnio e à inteligência, como é explicado por CLEANTES. Ser-lhe-á difícil dar uma razão satisfatória para que um sistema ordenado não possa ser tecido da barriga tão bem quanto o pode do cérebro.

Tenho de confessar, FÍLON, respondeu CLEANTES, que a tarefa que haveis assumido de levantar dúvidas e objecções, se ajusta melhor a vós do que a qualquer outro homem actualmente existente e parece ser-vos, de certo modo, natural e inevitável. Tão grande é a fecundidade da vossa inven-

---

([LIV]) Diálogo em que Platão expõe as suas ideias sobre cosmologia, física e biologia, nas quais mistura elementos da geometria dos pitagóricos com a biologia de Empédocles. A obra descreve como um demiurgo não omnipotente, tendo as Formas por modelo, transforma os materiais desordenados do universo num cosmos harmonioso. O cosmos assim criado é um organismo vivo governado pela sua própria alma inteligente.

([LV]) Um brâmane é um membro da classe social mais elevada da Índia hindu, a casta sacerdotal. O seu poder e influência na sociedade indiana – mesmo na actual – tem por base a crença de que os brâmanes têm uma maior pureza espiritual do que os membros das outras castas e que apenas eles são capazes de realizar certas tarefas religiosas.

ção que não me envergonho de reconhecer que, assim de repente, sou incapaz de resolver completamente dificuldades tão extraordinárias como as que incessantemente levantais contra mim, embora, em geral, veja claramente a sua falácia e erro. E não tenho dúvidas de que, neste momento, estais na mesma situação e não tendes a solução tão pronta quanto a objecção; ao mesmo tempo que deveis estar consciente de que o senso comum e a razão estão completamente contra vós e que excentricidades como as que haveis proferido podem embaraçar-nos, mas nunca convencer-nos.

Parte VIII

O que vós atribuís à fertilidade da minha invenção, respondeu FÍLON, deve-se inteiramente à natureza do assunto. Em assuntos adaptados à esfera limitada da razão humana existe normalmente apenas uma solução que traz consigo probabilidade ou convicção e, à excepção desta, todas as outras suposições parecem a um homem de juízo perfeito completamente absurdas e quiméricas. Mas, em questões como as presentes, centenas de perspectivas contraditórias podem conter uma espécie de analogia imperfeita e a invenção tem aqui pleno espaço para se exercer. Acredito que poderia, sem pensar muito e de imediato, propor outros sistemas cosmogónicos, que teriam alguma ténue aparência de verdade, ainda que seja de um milhar, de um milhão para um, a probabilidade de o vosso sistema ou algum dos meus ser o verdadeiro.

E se, por exemplo, eu fizesse reviver a velha hipótese EPICURISTA? Este sistema é geralmente considerado – e creio que com inteira justiça – o mais absurdo alguma vez proposto; apesar disso, não sei se, com algumas alterações, não se pode fazer com que apresente uma ténue aparência de probabilidade. Em vez de, como fez EPICURO, supor a matéria infinita suponhamo-la finita. Um número finito de partículas é apenas susceptível de transposições finitas e, numa duração eterna, tem de ocorrer que cada ordem ou posição possível seja tentada um número infinito de vezes. Por conseguinte, este mundo, com todos os seus acontecimentos, mesmo os mais insignificantes, foi antes produzido e destruído e será novamente produzido e destruído, sem quaisquer limites ou restrições. Ninguém que tenha uma concepção dos poderes do infinito em comparação com os do finito duvidará alguma vez desta determinação.

Mas isto supõe, disse Demea, que a matéria pode adquirir movimento sem qualquer agente voluntário ou primeiro motor.

E qual a dificuldade, respondeu Fílon, dessa suposição? Qualquer acontecimento, antes da experiência, é igualmente difícil e incompreensível; e depois da experiência, igualmente fácil e inteligível. Em muitos casos, seja devido à gravidade, à elasticidade ou à electricidade, o movimento começa na matéria sem nenhum agente voluntário conhecido, e supor sempre nestes casos a existência de um agente voluntário desconhecido é uma mera hipótese e uma hipótese que não é acompanhada por quaisquer vantagens. O início do movimento na própria matéria é *a priori* tão concebível quanto a sua comunicação pela mente e pela inteligência.

Além disso, por que não pode o movimento ter-se propagado por impulso por toda a eternidade e a mesma quantidade, ou quase a mesma, existir ainda no universo? O que se perde pela composição do movimento ganha-se pela sua resolução. E, sejam quais forem as causas, é um facto que, tanto quanto a experiência ou a tradição humana alcança, a matéria está e sempre esteve em agitação contínua. Provavelmente não há neste momento em todo o universo uma partícula de matéria que esteja em repouso absoluto.

E esta mesma consideração, continuou Fílon, na qual tropeçámos no decurso da argumentação, sugere uma nova hipótese cosmogónica que não é completamente absurda e improvável. Existirá um sistema, uma ordem, uma economia das coisas, pela qual a matéria possa conservar essa agitação perpétua que parece ser-lhe essencial e, além disso, manter a constância nas formas que produz? Existe certamente uma tal economia, uma vez que isto é realmente o que acontece com o presente mundo. Por consequência, o movimento contínuo da matéria tem de produzir esta economia ou ordem, num número finito de transposições; e, devido à sua própria natureza, esta ordem, uma vez estabelecida, suporta-se a si mesma durante muitas épocas ou até por toda a eternidade. Mas, onde quer que a matéria esteja equilibrada, arranjada e ajustada de modo a manter-se em constante movimento e preserve, além disso, uma constância nas formas, a sua situação deverá necessariamente ter a mesma aparência de arte e invenção que observamos presentemente. Todas as partes de cada forma devem ter uma relação com cada outra e com o todo; e o próprio todo deve ter uma relação com as outras partes do universo, com o elemento no qual a forma subsiste, com os materiais com que repara o seu desgaste e declínio e com qualquer outra forma, seja hostil ou amistosa. Um defeito num destes aspectos destrói a forma; e a matéria de que se compõe é outra vez libertada e lançada em movimentos e fermentações irregulares até que se una a uma outra forma regular. Se nenhuma forma destas estiver preparada para recebê-la e se existir uma grande quantidade desta matéria corrompida no universo, o próprio universo estará completamente desordenado, quer se trate do débil embrião de um mundo nos seus primórdios que é assim destruído, ou a carcaça apodrecida de um mundo languescido pela velhice e a enfermidade. Em qualquer dos casos, segue-se o caos até que um número incontável de revoluções finitas produza por fim algumas formas, cujas partes e órgãos estejam de tal modo ajustados que suportem as formas entre uma sucessão contínua de matéria.

Suponde (pois tentaremos diversificar o modo de expressão), que a matéria tivesse sido lançada numa posição qualquer por uma força cega e sem orientação. É evidente que esta primeira posição deveria ser, com toda a probabilidade, a mais confusa e desordenada que se possa imaginar, sem nenhuma semelhança com as obras da invenção humana, que, juntamente com uma simetria das partes, revelam um ajustamento dos meios aos fins e uma tendência para a autopreservação. Se a força actuante cessasse após esta operação, a matéria permaneceria para sempre em desordem e continuaria a ser um imenso caos, destituído de alguma proporção ou actividade. Mas, suponde que a força actuante, qualquer que fosse, permanecia ainda na matéria. Nesse caso, esta primeira posição daria imediatamente lugar a uma segunda, que com toda a probabilidade seria igualmente tão desordenada como a primeira, e assim por diante, durante muitas séries de mudanças e revoluções. Nenhuma ordem ou posição particular permaneceria inalterada por um momento sequer. A força original, continuando ainda em actividade, daria uma agitação perpétua à matéria. Cada situação possível seria produzida e instantaneamente destruída. Se um vislumbre ou despontar de ordem aparecesse por um momento, seria instantaneamente arrastada e misturada por essa força incessante que actuaria em cada parte da matéria.

Assim prosseguiria o universo por muitas épocas numa sucessão contínua de caos e desordem. Mas não seria possível que, por fim, se organizasse de modo a não perder o seu movimento e força activa (pois supusemos que isso lhe era inerente) e a preservar, apesar disso, uma aparência uniforme, no meio do movimento e flutuação contínuas das suas partes? Verificamos que é isto que acontece presentemente com o universo. Cada indivíduo e cada parte de cada indivíduo está perpetuamente em mudança e, no entanto, o todo permanece, na aparência, o mesmo. Não podemos, com base nas revoluções eternas da matéria sem orientação, esperar que algo semelhante ocorra, ou antes, ter a certeza e não pode isso dar conta de toda a aparente sabedoria e invenção existentes no universo? Basta que contemplemos um pouco o assunto para verificarmos que – caso a matéria o alcançasse – este ajustamento de uma estabilidade aparente nas formas com uma revolução ou movimento real e perpétuo das partes forneceria uma solução plausível, se não verdadeira, para a dificuldade.

É, portanto, inútil insistir na utilização das partes nos animais ou dos vegetais e no curioso ajustamento de umas às outras. Gostaria muito de saber como é que um animal poderia subsistir se as suas partes não estivessem tão ajustadas? Não vemos que perece imediatamente sempre que este ajustamento cessa e a sua matéria, corrompendo-se, tenta uma nova forma? Ocorre, na verdade, que as partes do mundo estão tão bem ajustadas que alguma forma regular reclama imediatamente esta matéria corrompida. E poderia o mundo subsistir, se não fosse assim? Não deveria dissolver-se tal como o animal e passar por novas posições e situações até que, numa sucessão grande mas finita, caísse por fim na ordem actual ou numa semelhante?

Fizestes bem, respondeu Cleantes, em dizer-nos que esta hipótese vos ocorreu subitamente, no decurso da argumentação. Se tivésseis tido vagar para a examinar, imediatamente ter-vos-íeis dado conta das objecções insuperáveis a que está exposta. Dizeis que nenhuma forma pode subsistir a menos que possua os poderes e órgãos necessários à sua subsistência; alguma nova ordem ou economia deve ser tentada, e assim por diante, sem interrupção, até que por fim se chegue a uma ordem que se possa suportar e manter a si própria. Mas, donde viriam, segundo esta hipótese, as muitas comodidades e vantagens que os homens e todos os animais possuem? Dois olhos e dois ouvidos não são absolutamente necessários para a subsistência das espécies. A raça humana poder-se-ia ter propagado e conservado sem cavalos, cães, vacas, ovelhas e os inumeráveis frutos e produtos que servem para nossa satisfação e prazer. Se nenhuns camelos tivessem sido criados para uso do homem nos arenosos desertos da África e da Arábia, ter-se-ia o mundo dissolvido? Se nenhuma pedra-íman tivesse sido forjada para dar à agulha aquela maravilhosa e útil direcção, ter-se-iam a sociedade humana e a espécie humana imediatamente extinto? Embora as máximas da natureza sejam em geral muito frugais, casos deste género estão longe de ser raros e qualquer um deles é uma prova suficiente de desígnio, e de um desígnio benevolente, que deu origem à ordem e arranjo do universo.

Pelo menos podeis com segurança inferir, disse Fílon, que a hipótese precedente é, até este momento, incompleta e imperfeita, o que não terei nenhuma dificuldade em admitir. Mas, podemos razoavelmente esperar ter alguma vez maior sucesso em quaisquer tentativas desta natureza? Ou podemos alguma vez ter a esperança de edificar um sistema cosmogónico que não esteja sujeito a excepções e que não contenha qualquer circunstância repugnante para a nossa limitada e imperfeita experiência da analogia da natureza? A vossa própria teoria não pode, seguramente, pretender ter alguma destas vantagens, embora vos tenhais precipitado no *antropomorfismo* para melhor preservar a conformidade com a experiência comum. Coloquemo-la uma vez mais à prova. Em todos os casos que já vimos, as ideias são copiadas dos objectos reais e são éctipas([LVI]), não arquétipas, para me expressar em termos eruditos. Vós inverteis esta ordem e dais a precedência ao pensamento. Em todos os casos que já vimos, o pensamento não tem qualquer influência sobre a matéria, excepto onde essa matéria lhe está de tal maneira unida que tem sobre ele uma influência recíproca igual. Nenhum animal pode mover directamente qualquer coisa a não ser os membros do seu próprio corpo; e a igualdade de

([LVI]) Éctipas, isto é, cópias, porque são obtidas a partir dos objectos reais, por oposição a arquétipas, como as Ideias ou Formas de Platão, que constituem o modelo que os objectos sensíveis imitam.

acção e reacção parece ser, na verdade, uma lei universal da natureza. Mas, a vossa teoria implica uma contradição com esta experiência. Estes casos, assim como muitos mais que seria fácil coligir (em particular, a suposição de uma mente ou sistema de pensamento eterno ou, por outras palavras, um animal não gerado e imortal), estes casos, digo eu, podem ensinar-nos a ser sóbrios na condenação mútua e fazer-nos ver que, como nenhum sistema desta espécie deve jamais ser aceite com base numa analogia frágil, também nenhum deve ser rejeitado devido a uma pequena incongruência. Pois, essa é uma inconveniência da qual podemos com justiça afirmar que nenhum está isento.

Admite-se, em geral, que todos os sistemas religiosos estão sujeitos a grandes e insuperáveis dificuldades. Cada disputante triunfa à vez, enquanto conduz uma guerra ofensiva e expõe os absurdos, as barbaridades e as doutrinas perniciosas do seu antagonista. Mas todos eles, no conjunto, preparam o completo triunfo do céptico, que lhes diz que a respeito destes assuntos jamais um sistema deve ser adoptado, pela simples razão que jamais se deve dar o assentimento a um absurdo, qualquer que seja o assunto. Nestes casos, o nosso único recurso razoável é a total suspensão do juízo. E se, como frequentemente se diz, entre teólogos todos os ataques (e nenhuma defesa) têm sucesso, quão completa não deve ser a vitória daquele que se mantém, com toda a humanidade, sempre na ofensiva e não tem nenhuma posição ou residência permanente que esteja em toda e qualquer ocasião obrigado a defender?

Parte IX

Mas, disse DEMEA, se o argumento *a posteriori* é acompanhado de tantas dificuldades, não teria sido melhor aderirmos ao simples e sublime argumento *a priori*, que, ao oferecer-nos uma demonstração infalível, elimina de uma só vez todas as dúvidas e dificuldades? Por meio deste argumento podemos igualmente provar a INFINIDADE dos atributos divinos que, receio bem, nunca poderão ser estabelecidos com certeza a partir de qualquer outro ponto. Pois como pode um efeito que é finito ou, tanto quanto sabemos, pode sê-lo, como pode um tal efeito, digo, provar uma causa infinita? Também é muito difícil, se não absolutamente impossível, deduzir a unidade da natureza divina a partir da mera contemplação das obras da natureza; e nem a uniformidade do plano, mesmo que admitíssemos a sua existência, nos daria só por si qualquer garantia desse atributo. Enquanto o argumento *a priori*...

Pareceis raciocinar, DEMEA, interpôs CLEANTES, como se essas vantagens e conveniências do argumento abstracto fossem provas absolutas da sua solidez. Mas, na minha opinião, é apropriado começar por determinar que argumento desta natureza escolhestes sustentar e depois, com base mais nele do que nas suas consequências *úteis*, tentar determinar que valor devemos atribuir-lhe.

O argumento que sustento, respondeu Demea, é o habitual. Tudo o que existe tem de ter uma causa ou razão da sua existência, uma vez que é absolutamente impossível que uma coisa se produza a si própria ou seja a causa da sua própria existência. Portanto, ao remontarmos dos efeitos às causas temos de percorrer uma sucessão infinita, sem absolutamente nenhuma causa última, ou temos de, por fim, recorrer a uma causa última que exista *necessariamente*. Ora, pode-se provar como se segue que a primeira suposição é absurda: na cadeia ou sucessão infinita de causas e efeitos, cada efeito singular é determinado a existir pelo poder e pela eficácia da causa que imediatamente o precedeu; mas a cadeia ou sucessão eterna completa, tomada em conjunto, não é determinada ou causada por nada e, no entanto, é evidente que requer tanto uma causa ou razão quanto qualquer objecto particular que comece a existir no tempo. Continua a ser razoável perguntar por que existe esta sucessão particular de causas desde a eternidade e não qualquer outra ou absolutamente nenhuma. Se não há um ser necessariamente existente, qualquer suposição que possa ser forjada é igualmente possível; e que nada tenha existido desde a eternidade não é um absurdo maior do que a existência desta sucessão de causas que constitui o universo. O que foi então que determinou que algo existisse em vez do nada e que conferiu a uma possibilidade particular a existência, excluindo as restantes? Pressupõe-se que não existem *causas externas*. O *acaso* é uma palavra sem significado. Foi o *nada*? Mas isso nunca pode produzir coisa alguma. Temos, portanto, de recorrer a um Ser necessariamente existente, que traga em si mesmo a razão da sua existência e que não se pode supor não existir sem uma contradição explícita. Existe consequentemente um tal Ser, isto é, existe uma Deidade.

Não permitirei a Fílon, disse Cleantes (embora saiba que nada lhe dá mais prazer do que levantar objecções), que mostre a fraqueza deste raciocínio metafísico. Parece-me tão obviamente infundado e, ao mesmo tempo, de tão pouco interesse para a causa da verdadeira piedade e religião, que arriscar-me-ei a mostrar eu próprio a sua falácia.

Começo por observar que a pretensão de demonstrar ou provar uma questão de facto por quaisquer argumentos *a priori* é evidentemente absurda. Nada pode ser demonstrado a menos que o contrário implique uma contradição. Nada que possa ser distintamente concebido implica uma contradição. Tudo o que concebemos como existente também podemos conceber como não-existente. Portanto, não há nenhum Ser cuja não-existência implique uma contradição. Consequentemente, não há nenhum Ser cuja existência possa ser demonstrada. Avanço este argumento como completamente decisivo e estou pronto a basear nele toda a controvérsia.

Alega-se que a Deidade é um Ser necessariamente existente e tenta-se explicar esta necessidade da sua existência afirmando que se conhecêssemos toda a sua essência ou natureza, perceberíamos que lhe é tão impossível não existir quanto a duas vezes dois não ser quatro. Mas é evidente que isto nunca poderá acontecer enquanto tivermos as mesmas faculdades que temos agora. Continuará a ser-nos possível conceber a qualquer momento a não-existência daquilo que anteriormente tínhamos concebido existir; nem pode a mente estar sujeita à necessidade de supor que um objecto continua a existir sempre, da mesma maneira que nos encontramos na necessidade de conceber sempre que duas vezes dois são quatro. Por consequência, as palavras *existência necessária* não têm qualquer significado ou, o que é a mesma coisa, qualquer significado que seja consistente.

Mas, além disso, por que não poderia, segundo esta pretensa explicação da necessidade, o universo material ser o Ser necessariamente existente? Não ousamos afirmar que conhecemos todas as qualidades da matéria e, tanto quanto podemos determinar, a matéria pode conter certas qualidades que, se fossem conhecidas, fariam a sua não-existência parecer uma contradição tão grande quanto duas vezes dois serem cinco. Um só argumento é empregue para provar que o mundo material não é o Ser necessariamente existente; e este argumento deriva da contingência tanto da matéria como da forma do mundo. Diz-se(7) que «se pode *conceber* a aniquilação de qualquer partícula de matéria e a alteração de qualquer forma. Uma tal aniquilação ou alteração não é, portanto, impossível.» Mas, parece uma grande parcialidade não perceber que, até onde somos capazes de concebê-lo, o mesmo argumento se aplica igualmente à Deidade e que a mente pode, pelo menos, imaginar que ela não existe ou que os seus atributos foram alterados. O que pode fazer com que a sua não-existência pareça impossível ou os seus atributos inalteráveis têm de ser certas qualidades desconhecidas e inconcebíveis. Mas não há qualquer razão para que estas qualidades não possam pertencer à matéria. Como são completamente desconhecidas e inconcebíveis nunca se poderá provar que sejam com ela incompatíveis.

Acrescentai a isto que, ao percorrer uma sucessão eterna de objectos, parece absurdo inquirir por uma causa geral ou primeiro Autor. Como pode uma coisa que existe desde a eternidade ter uma causa, uma vez que essa relação implica uma prioridade no tempo e um começo da existência?

Além disso, numa tal cadeia ou sucessão de objectos, cada parte é causada por aquela que a precede e causa aquela que lhe sucede. Onde está, então, a dificuldade? Mas o TODO, dizeis, carece de uma causa. Respondo que a união destas

(7) Dr. Clarke [Clarke, Samuel (1675-1729), filósofo e teólogo inglês, conhecido pela sua polémica com Leibniz, em que defendeu os pontos de vista de Newton acerca do espaço e do tempo. Julga-se que o argumento *a priori* que Hume aqui ataca tem origem na demonstração da existência de Deus que Clarke apresentou, em 1704 e 1705, nas Conferências de Boyle].

partes num todo, como a união de várias condados distintos num reino ou de vários membros distintos num corpo, é realizada por um mero acto arbitrário da mente e não tem qualquer influência na natureza das coisas. Se eu vos tivesse mostrado as causas particulares de cada indivíduo numa colecção de vinte partículas de matéria, consideraria muito pouco razoável que vós me perguntásseis a seguir o que era a causa do conjunto das vinte. Isto é suficientemente explicado ao explicar a causa das partes.

Embora os raciocínios que haveis apresentado, CLEANTES, sejam suficientes para que me dispense, disse FÍLON, de levantar outras dificuldades, não posso deixar, no entanto, de insistir ainda noutro ponto. Os aritméticos observam que, se somais todos os algarismos que os compõem, os múltiplos de 9 dão sempre 9 ou algum submúltiplo de 9. Assim, de 18, 27, 36, que são múltiplos de 9, obtendes 9 somando 1 ao 8, 2 ao 7, 3 ao 6. Do mesmo modo, 369 é também um múltiplo de 9 e se somais 3, 6 e 9 obtendes 18, que é um submúltiplo de 9([8]). Um observador superficial pode considerar que uma regularidade tão maravilhosa é o efeito do acaso ou do desígnio; mas um algebrista hábil conclui imediatamente que é a obra da necessidade e demonstra que tem de resultar sempre da natureza destes números. Pergunto se não é provável que a totalidade da economia do universo seja conduzida por uma necessidade parecida, embora nenhuma álgebra humana possa fornecer uma chave que resolva a dificuldade? E se, em vez de admirar a ordem dos seres naturais, pudéssemos compreender a natureza íntima dos corpos, não poderia acontecer que víssemos com clareza por que seria absolutamente impossível que pudessem alguma vez admitir outra

([8]) *République des Lettres,* Août 1685 [*Nouvelles de la République des Lettres*, Setembro de 1685 (e não Agosto, como a nota de Hume sugere), Artigo II, 944-45. O artigo a que Hume alude foi escrito por Fontenelle. A revista era publicada por Pierre Bayle].

disposição? Quão perigoso é introduzir a ideia de necessidade na presente questão! E quão naturalmente ela permite uma inferência directamente oposta à hipótese religiosa!

Mas, pondo de lado todas estas abstracções, continuou Fílon, e confinando-nos a tópicos mais familiares, arriscar-me-ia a acrescentar a observação de que o argumento *a priori* raramente tem sido considerado muito convincente, excepto por pessoas com inclinações metafísicas, que se acostumaram ao raciocínio abstracto e que, descobrindo que nas matemáticas o entendimento leva frequentemente à verdade através da obscuridade e em oposição às primeiras aparências, transferiram o mesmo hábito de pensar para assuntos nos quais não deve ter lugar. Outras pessoas, mesmo de bom senso e de inclinação religiosa, sentem sempre uma certa deficiência em tais argumentos, embora talvez não sejam capazes de explicar exactamente onde se encontra. Uma prova segura de que os homens sempre derivaram e sempre derivarão a sua religião de outras fontes e não desta espécie de raciocínio.

Parte X

É minha opinião, admito-o, respondeu DEMEA, que cada homem, de certo modo, sente no seu peito a verdade da religião e que é levado a procurar a protecção desse Ser, de quem ele e toda a natureza dependem, mais devido à consciência da sua imbecilidade e miséria do que a qualquer raciocínio. Mesmo os melhores aspectos da vida são de tal modo inquietantes ou aborrecidos, que o futuro continua a ser o objecto de todas as nossas esperanças e receios. Olhamos incessantemente para a frente e esforçamo-nos por apaziguar, por meio de preces, adorações e sacrifícios, os poderes desconhecidos que a experiência nos mostra serem tão capazes de nos atormentar e oprimir. A que poderíamos recorrer – desgraçadas criaturas que somos – no meio dos inúmeros males da vida, se a religião não sugerisse alguns métodos de expiação e não aplacasse os terrores que incessantemente nos inquietam e atormentam?

Estou, na verdade, convencido, disse FÍLON, de que a melhor e, de facto, a única forma de levar as pessoas a um sentido adequado da religião é através de representações precisas da miséria e maldade dos homens. E para esse propósito um talento de eloquência e forte capacidade figurativa é mais preciso do que um talento de raciocínio e argumentação. Pois será necessário provar aquilo que cada um sente dentro de si mesmo? É apenas necessário fazer-nos senti-lo, se possível da forma mais íntima e sensível.

As pessoas, na verdade, respondeu DEMEA, estão suficientemente convencidas desta grande e melancólica verdade. As misérias da vida, a infelicidade do homem, as corrupções gerais da nossa natureza, o gozo insatisfatório dos prazeres, das riquezas e das honrarias; estas frases tornaram-se quase proverbiais em todas as línguas. E quem pode duvidar daquilo que todos os homens afirmam com base no seu próprio sentimento e experiência imediatas?

Neste ponto, disse FÍLON, os sábios estão perfeitamente de acordo com o vulgo; e em toda a literatura, tanto *sagrada* como *profana*, o tema da miséria humana foi expresso com a mais patética eloquência que o sofrimento e a melancolia puderam inspirar. Os poetas, que falam com base no sentimento, sem um sistema, e cujo testemunho tem, por consequência, a maior das autoridades, abundam em imagens desta natureza. Desde HOMERO até ao Dr. YOUNG([LVII]), a totalidade da tribo inspirada tem tido sempre consciência de que nenhuma outra representação das coisas se ajustaria ao sentimento e observação de cada indivíduo.

Quanto a autoridades, respondeu DEMEA, não é preciso que as procureis. Olhai à vossa volta para esta biblioteca de CLEANTES. Arriscar-me-ia a afirmar que, com excepção dos autores das ciências particulares, como a química ou a botânica, que não têm oportunidade de tratar da vida humana, dificilmente existirá um só desses inumeráveis escritores a quem o sentimento da miséria humana não tenha, numa passagem ou noutra, arrancado uma queixa e uma confissão.

([LVII]) Young, Edward (1683-1765), poeta, dramaturgo e crítico literário inglês. A sua principal obra poética, *Night Thoughts*, sobre a morte, era muito popular na época.

Pelo menos, as probabilidades estão todas desse lado e, tanto quanto posso lembrar-me, nenhum autor foi alguma vez extravagante a ponto de o negar.

Quanto a isso tendes de desculpar-me, disse FÍLON, LEIBNITZ([LVIII]) negou-o; e foi talvez o primeiro([9]) que arriscou uma opinião tão arrojada e paradoxal; ou, pelo menos, foi o primeiro a fazê-la essencial ao seu sistema filosófico.

E por ter sido o primeiro, respondeu DEMEA, não pode ter tido consciência do seu erro? Será este um assunto no qual os filósofos possam propor-se fazer descobertas, especialmente numa época tão tardia? E pode alguém esperar por uma simples negação (pois o assunto dificilmente admite argumentação) derrubar o testemunho unido da humanidade, fundado nos sentidos e na consciência?

E porque deveria o homem, acrescentou ele, pretender estar isento da sorte de todos os outros animais? Acreditai-me

---

([LVIII]) Leibnitz, Gottfried Wilhelm (1646-1716), filósofo racionalista e matemático alemão. Descobriu o cálculo infinitesimal mais ou menos ao mesmo tempo que Newton e teve contribuições influentes e inovadoras em áreas como a física, a linguística, a história, a política e a medicina. Apesar destas contribuições, é frequentemente lembrado por ter defendido que o mundo, por ter sido criado por Deus, é necessariamente o melhor dos mundos possíveis, tese que Voltaire ridicularizou no *Cândido*. Note-se que, apesar do que diz Hume, Leibnitz não negava a existência do sofrimento humano e do mal. Na verdade, a tese de que o nosso mundo é o melhor dos mundos possíveis é a solução de Leibnitz para o problema do mal. A resposta de Leibnitz consiste em dizer que Deus não faz nada sem uma razão suficiente e, como é moralmente perfeito, a razão suficiente para fazer este mundo é o facto de ele ser o melhor dos mundos possíveis. Isto não elimina o mal, justifica-o.

([9]) Essa opinião foi sustentada pelo Dr. King e alguns outros, antes de LEIBNITZ, embora por ninguém com uma fama tão grande quanto a desse filósofo germânico. [King, William (1650-1729), padre anglicano e arcebispo de Dublin de 1702 a 1729. Publicou em 1702 *De Origine Mali*, traduzido para inglês com o título *An Essay on the Origin of Evil.*]

Fílon, toda a Terra está amaldiçoada e manchada. Existe uma perpétua guerra acesa entre todas as criaturas vivas. A necessidade, a fome e a carência estimulam os fortes e corajosos; o medo, a ansiedade e o terror agitam os fracos e enfermos. O início da vida angustia a criança recém-nascida e os seus miseráveis progenitores; a fraqueza, a impotência e a agonia acompanham cada estágio da sua vida, que termina, por fim, em agonia e horror.

Observai também, diz Fílon, os artifícios extraordinários com que a natureza torna amarga a vida de cada ser vivo. Os mais fortes atacam os mais fracos e mantêm-nos em perpétuo terror e ansiedade. Por sua vez, os mais fracos atacam também frequentemente os mais fortes e atormentam-nos e molestam-nos sem descanso. Considerai a inumerável raça dos insectos, que se reproduzem no corpo de cada animal ou que, voando em redor, cravam nele o seu ferrão. Estes insectos têm outros ainda menores do que eles que os atormentam. E assim, de ambos os lados, à frente e atrás, acima e abaixo, cada animal está rodeado de inimigos que incessantemente procuram a sua miséria e destruição.

Só o homem, disse Demea, parece ser, em parte, uma excepção a esta regra. Pois, por união em sociedade, pode facilmente dominar leões, tigres e ursos, cuja maior força e agilidade naturalmente os capacitam para fazer dele a sua presa.

Pelo contrário, é principalmente aqui, exclamou Fílon, que as máximas uniformes e iguais da natureza são mais evidentes. É verdade que o homem pode, por união, superar todos os seus inimigos *reais* e tornar-se senhor de toda a criação animal. Mas não cria imediatamente para si próprio inimigos *imaginários* – os demónios da sua fantasia – que o perseguem com terrores supersticiosos e destroem cada alegria da vida? O seu prazer, segundo ele imagina, torna-se, aos olhos deles, um crime; o seu alimento e repouso causam-lhes ressentimento e ofensa; o seu próprio sono e sonhos fornecem novos materiais para receios angustiados; e até a morte, o seu refúgio contra todos os outros males, oferece somente o temor de desgraças infinitas e inumeráveis. Nem o lobo molesta mais o temeroso rebanho do que a superstição o peito angustiado dos miseráveis mortais.

Considerai, além disso, DEMEA, esta mesma sociedade pela qual superamos aquelas bestas selvagens que são nossas inimigas naturais: quantos novos inimigos não nos traz e quantas desgraças e misérias não ocasiona? O homem é o maior inimigo do homem. Opressão, injustiça, desprezo, insolência, violência, sedição, guerra, calúnia, traição, fraude: com isto eles atormentam-se mutuamente; e, se não fosse o temor de males ainda maiores, que decerto acompanhariam a sua separação, depressa teriam dissolvido a sociedade que formaram.

Mas, embora estas ofensas externas, disse DEMEA, devidas aos animais, aos homens e a todos os elementos que nos assaltam, formem um assustador catálogo de desgraças, não são nada em comparação com as que têm origem dentro de nós próprios devido à condição desequilibrada da nossa mente e do nosso corpo. Quantos estão sob o prolongado tormento das doenças? Escutai a patética enumeração do grande poeta:

> Pedra intestinal e úlcera, cólicas agudas,
> Demoníaco furor, deprimente melancolia,
> E lunática loucura, debilitante atrofia,
> Marasmos e pestilência devastadora.
> Terrível era a agitação, profundos os lamentos: o DESESPERO
> Velava pelos doentes, atarefado de leito em leito.
> E sobre eles, a MORTE triunfante o seu dardo
> Bramia, mas tardava em golpear, apesar de frequentemente invocada
> Com promessas, como o seu maior bem e derradeira esperança.([LIX])

([LIX]) John Milton, *Paradise Lost*, XI 11. 485-493.

As desordens da mente, continuou Demea, embora mais secretas, não são talvez nem menos lúgubres nem menos vexatórias. Remorso, vergonha, angústia, fúria, desapontamento, ansiedade, medo, desânimo, desespero: quem é que passou pela vida sem as cruéis incursões destes atormentadores? Quantos aqueles que dificilmente tiveram alguma vez melhores sensações? O trabalho e a pobreza, tão detestados por todos, são o destino certo da grande maioria; e os raros privilegiados que gozam de ócio e opulência nunca alcançam a satisfação ou a verdadeira felicidade. Todos os bens da vida juntos não fariam ninguém muito feliz, mas todos os males juntos fariam alguém deveras desgraçado; e quase todos eles (e quem pode estar livre de todos?) ou muitas vezes a ausência de um único bem (e quem pode possuir todos?) é suficiente para tornar a vida inelegível.

Se um estranho caísse de súbito neste mundo, como exemplo dos seus males mostrar-lhe-ia um hospital repleto de doenças, uma prisão apinhada de malfeitores e de devedores, um campo de batalha coberto de carcaças, uma frota em dificuldades no oceano, uma nação definhando sob a tirania, a fome ou a peste. Onde o deveria levar para lhe mostrar o lado alegre da vida e dar-lhe uma ideia dos seus prazeres? A um baile, a uma ópera, à corte? Ele poderia com razão pensar que eu lhe estava apenas a mostrar outras formas de sofrimento e mágoa.

Não é possível escapar a exemplos tão impressionantes, disse Fílon, a não ser por apologias que ainda agravam mais a acusação. Por que razão, pergunto eu, todos os homens em todas as épocas se queixaram incessantemente das misérias da vida?... Eles não têm qualquer boa razão, diz alguém; estas queixas têm origem apenas no seu carácter descontente, queixoso e ansioso... E pode haver, respondo, um fundamento mais certo para a miséria do que um tal temperamento infeliz?

Mas, se eles fossem realmente tão infelizes como pretendem, diz o meu antagonista, porque continuam a viver?...

Insatisfeito com a vida, receoso da morte.([LX])

Esta, digo eu, é a cadeia secreta que nos mantém. Somos aterrorizados, não subornados, para continuar com a nossa existência.

Ele pode insistir em que se trata apenas de uma delicadeza artificial, a que se entregaram alguns espíritos e que disseminou estas queixas pela raça humana... E, pergunto, o que é esta delicadeza que censurais? Não é apenas uma maior sensibilidade a todos os prazeres e sofrimentos da vida? E se as pessoas com um temperamento delicado e refinado, por estarem muito mais vivas do que as outras, são apenas muito mais infelizes, que juízo devemos fazer em geral da vida humana?

Que os homens estejam descansados, diz o nosso adversário, e eles ficarão livres de cuidados. Eles são os artífices deliberados da sua própria miséria... Não! respondo eu. Uma languidez angustiada segue-se ao seu repouso; o desapontamento, o vexame, a inquietação, à sua actividade e ambição.

Posso observar algo semelhante ao que mencionais em outras pessoas, respondeu Cleantes, mas confesso que sinto pouco ou nada disso em mim mesmo e tenho esperança de que seja muito menos comum do que vós o representais.

Se não sentis a miséria humana, exclamou Demea, felicito-vos por tão ditosa singularidade. Outros, aparentemente os mais afortunados, não tiveram vergonha de expressar as suas queixas nos tons mais melancólicos. Vejamos o grande e

---

([LX]) Os especialistas dividem-se quanto à origem desta citação. Uns, como J. Gaskin na sua edição dos *Diálogos* (pág. 208), sugerem que se trata de uma espécie de resumo do Livro III do *De Rerum Natura* de Lucrécio, que aborda o problema do receio da morte; outros, como John V. Price (citado em Antony Flew, *Writings on Religion,* p. 259n), vêem nela uma citação incorrecta da obra *Gotham* (Londres, 1764), de Charles Churchill: «Railing at life, and yet afraid of death...» (Queixando-se da vida e, apesar disso, receoso da morte...).

afortunado imperador CARLOS V([LXI]), quando, cansado da grandeza humana, resignou de todos os seus extensos domínios a favor do seu filho. No último discurso, que fez nessa ocasião memorável, publicamente confessou *que os maiores sucessos de que tinha desfrutado foram misturados com tantas adversidades que ele podia verdadeiramente dizer que nunca tinha desfrutado de qualquer satisfação ou contentamento*. Mas, a vida retirada, em que procurou refúgio, facultou-lhe uma maior felicidade? A acreditar na narrativa do seu filho, o seu arrependimento começou no próprio dia da sua resignação.

A fortuna de CÍCERO, dos começos humildes elevou-se ao mais alto esplendor e renome; e, no entanto, que queixas patéticas dos males da vida não contêm tanto as suas cartas familiares como os seus discursos filosóficos! E em conformidade com a sua própria experiência apresentou CATÃO([LXII]), o grande e afortunado CATÃO, protestando na sua velhice, que, se lhe oferecessem uma nova vida, rejeitaria o presente.

Perguntai a vós próprio, perguntai a algum dos vossos conhecidos, se eles viveriam novamente os últimos dez ou vinte anos das suas vidas. Não! Mas os próximos vinte, dizem eles, serão melhores:

> E das escórias da vida esperam receber
> O que o primeiro jovial decorrer não pôde dar.([LXIII])

([LXI]) Carlos V (1500-1558), rei de Espanha e Santo Imperador Romano, que abdicou do trono de Espanha, em 1556, a favor do seu filho Filipe II de Espanha (I de Portugal).

([LXII]) Catão (234-149 a. C.), homem de Estado, orador e escritor romano. Destacou-se pelo seu ultra-conservadorismo, defendendo veementemente o modo de vida simples romano da influência grega e exercendo uma vigilância apertada sobre os costumes (daí ser também conhecido por Catão, o Censor). A obra de Cícero para que a referência a Catão remete é a *De Senectude* (*Da Velhice*).

([LXIII]) John Dryden, *Aurengzebe*, IV, i, 41-42. Hume escreveu «hope» (esperam) em vez de «think» (pensam).

Deste modo, descobrem por fim (tal o poder da miséria humana que reconcilia mesmo contradições) que se queixam simultaneamente da brevidade da vida e da sua inutilidade e tristeza.

E é possível, Cleantes, disse Fílon, que, após todas estas reflexões e muitas mais que se poderia sugerir, persevereis ainda no vosso antropomorfismo e afirmeis que os atributos morais da Deidade – a sua justiça, benevolência, misericórdia e rectidão – têm a mesma natureza que estas virtudes nas criaturas humanas? Admitimos que o seu poder é infinito: tudo o que deseja é executado. Mas nem o homem nem qualquer outro animal são felizes. Portanto, ela não quer a sua felicidade. A sua sabedoria é infinita: ela nunca se engana na escolha dos meios para um fim. Mas, o curso da natureza não tende para a felicidade humana ou animal. Portanto, não foi estabelecida para esse propósito. Não existem, em todo o conhecimento humano, inferências mais certas e mais infalíveis do que estas. Em que se assemelham, então, a sua benevolência e misericórdia à benevolência e à misericórdia humanas?

As velhas questões([LXVIII]) de Epicuro continuam por responder. Quer Ela impedir o mal, mas não é capaz? Então é

([LXIV]) Referência ao também chamado Paradoxo de Epicuro, um conjunto de hipóteses alternativas com que Epicuro argumenta a favor da tese que os deuses não se interessam nem intervêm no mundo. O texto original, que Hume parafraseia neste passo, é o seguinte: «Ou Deus quer eliminar o mal e não pode, ou pode e não quer, ou nem quer nem pode, ou pode e quer. Se quer e não pode, é fraco – o que não se pode aplicar a Deus. Se pode e não quer, é malévolo – o que é igualmente estranho à natureza de Deus. Se não quer nem pode, é simultaneamente fraco e malévolo e portanto não é um deus. Se quer e pode, que é a única coisa adequada a um deus, qual é então a origem do mal? Ou por que razão não o elimina Deus?» (H. Usener, *Epicurea* (Leipzig & Berlin, Teubner, 1887, repr. Stuttgart, Teubner, 1966), frag. 374, p. 252-3.). O argumento de Epicuro tem sido visto, por uns, como uma prova da impossibilidade da existência do Deus do teísmo e, por outros, como implicando a necessidade de uma teodiceia, isto é, uma teoria que compatibilize a existência do mal com a existência de um Deus omnipotente, omnisciente e sumamente bom.

impotente. É capaz, mas não o quer? Então é malévola. Não só é capaz como quer? Donde provém então o mal?

Atribuís, Cleantes, (e eu acredito que com razão) um propósito e uma intenção à natureza. Mas qual é, rogo-vos, o objectivo desse artifício e mecanismo peculiares que ela revela em todos os animais? Tão só a preservação dos indivíduos e a propagação das espécies. Parece suficiente para o seu propósito que uma tal classe se mantenha simplesmente no universo, sem que tenha algum cuidado ou preocupação com a felicidade dos membros que a compõem. Nenhum recurso para este propósito; nenhum mecanismo para dar meramente prazer ou bem-estar; nenhuma provisão de pura alegria e contentamento; nenhuma satisfação sem que alguma carência ou necessidade a acompanhe. Pelo menos, os poucos fenómenos desta natureza são anulados por fenómenos opostos de importância ainda maior.

A nossa sensibilidade para a música, para a harmonia e, na verdade, para todo o género de beleza, dá satisfação sem ser absolutamente necessária para a preservação e propagação da espécie. Mas, por outro lado, que tormentosos sofrimentos resultam da gota, da gravela, das enxaquecas, das dores de dentes, do reumatismo, em que o dano causado ao mecanismo animal é pequeno ou incurável? A alegria, o riso, a diversão e o folguedo parecem satisfações gratuitas e sem qualquer outra finalidade; o mau humor, a melancolia, o descontentamento e a superstição são sofrimentos da mesma natureza. Como se revela então – no sentido em que vós, antropomorfistas, a entendeis – a benevolência divina? Só nós, os místicos, como vos agradou chamar-nos, podemos dar conta desta estranha mistura de fenómenos fazendo-os derivar de atributos infinitamente perfeitos, embora incompreensíveis.

E haveis vós, por fim, disse Cleantes sorrindo, traído as vossas intenções, Fílon? A vossa longa concordância com Demea surpreendeu-me de facto um pouco, mas vejo que durante todo este tempo estivestes a montar um ataque dissimulado contra mim. E tenho de confessar que haveis agora tocado um assunto digno do vosso nobre espírito de oposição e controvérsia. Se puderdes estabelecer este ponto e provar que a humanidade é infeliz ou corrompida, isso será o fim imediato de toda a religião. Pois, qual o propósito de estabelecer os atributos naturais da Deidade, se os morais continuam a ser duvidosos e incertos?

Ofendeis-vos muito facilmente, respondeu Demea, com as opiniões mais inocentes e mais geralmente aceites mesmo entre os próprios religiosos e devotos; e nada pode ser mais surpreendente do que ver um tópico como este, sobre a maldade e miséria humanas, ser acusado de nada menos do que ateísmo e profanação. Não deram todos os teólogos e pregadores piedosos que praticaram a sua retórica num assunto tão fértil facilmente solução a todas as dificuldades que o podem acompanhar? Este mundo é apenas um ponto em comparação com o universo; esta vida é apenas um momento em comparação com a eternidade. Os fenómenos maus do presente são, portanto, rectificados noutras regiões e nalgum futuro período da existência. E os olhos dos homens, sendo então abertos para perspectivas mais amplas das coisas, vêem a conexão integral das leis gerais e descobrem, com adoração, a benevolência e rectidão da Deidade, por entre todos os labirintos e complexidades da sua providência.

Não! respondeu Cleantes, Não! Estas suposições arbitrárias, contrárias aos factos visíveis e incontestáveis, jamais poderão ser admitidas. Como se pode conhecer uma causa a não ser a partir dos seus efeitos conhecidos? Como se pode provar uma hipótese a não ser a partir dos fenómenos visíveis? Edificar uma hipótese sobre outra é construir inteiramente no ar; e o máximo a que poderemos aspirar com estas conjecturas e ficções é a verificar a simples possibilidade da nossa opinião; mas nunca poderemos nessas condições estabelecer a sua realidade.

A única forma de apoiar a benevolência divina (e aquela que eu de bom grado adopto) consiste em negar completamente a miséria e a maldade humanas. As vossas representações são exageradas; as vossas perspectivas melancólicas são, na sua maior parte, fictícias; as vossas inferências, contrárias aos factos e à experiência. A saúde é mais comum do que doença; o prazer do que a dor; e a felicidade do que a miséria. E, por cada tormento que passamos, obtemos, feitas as contas, uma centena de alegrias.

Admitindo a vossa posição, respondeu Fílon, que, no entanto, é extremamente duvidosa, deveis ao mesmo tempo reconhecer que, ainda que a dor seja menos frequente do que o prazer, é infinitamente mais violenta e durável. Uma hora de sofrimento é, amiúde, capaz de superar um dia, uma semana, um mês das nossas alegrias triviais e insípidas; e quantos dias, semanas e meses algumas pessoas passam nos mais atrozes tormentos? Dificilmente haverá uma circunstância em que o prazer atinja o êxtase e o arrebatamento; e em nenhuma circunstância se poderá manter por algum tempo no seu volume e altitudes mais elevados. Os espíritos evaporam-se; os nervos relaxam-se; a construção desorganiza-se; e as alegrias rapidamente degeneram em fadiga e mal-estar. Mas a dor frequentemente – meu Deus, quão frequentemente! – torna-se tortura e agonia e, quanto mais se prolonga, mais se torna agonia e tortura genuínas. A paciência esgota-se, a coragem esmorece, a melancolia apodera-se de nós e só a remoção da sua causa – ou outro acontecimento que é a única cura de todo o mal, mas que, devido à nossa loucura natural, olhamos com ainda maior horror e consternação – termina com a nossa miséria.

Mas para não insistir nestes tópicos, continuou Fílon, embora eles sejam extremamente óbvios, certos e importantes, tomarei a liberdade de repreender-vos, Cleantes, por terdes conduzido a discussão para uma questão muito perigosa e inconscientemente terdes introduzido o cepticismo total nos artigos mais essenciais da teologia natural e revelada. O quê! Não há forma de fundar correctamente a religião a menos que admitamos que a vida humana é feliz e que sustentemos que, mesmo neste mundo, a perpetuação da existência, com todos os nossos actuais sofrimentos, infirmidades, tormentos e loucuras, é aceitável e desejável? Mas isto é contrário ao sentimento e à experiência de todos; é contrário a uma autoridade tão estabelecida que nada pode pôr em causa. Contra esta autoridade nunca poderão ser produzidas provas decisivas nem vos será possível calcular, estimar e comparar todos os sofrimentos e todos os prazeres das vidas de todos os homens e animais. Portanto, ao basear des todo o sistema religioso num ponto que, devido à sua própria natureza, será sempre incerto, confessais tacitamente que esse sistema também é incerto.

Mas, concedendo-vos aquilo em que nunca ninguém poderá acreditar ou, pelo menos, aquilo que nunca podereis provar, a saber, que a felicidade dos animais ou, pelo menos, dos seres humanos supera nesta vida a sua miséria, não tereis ainda feito nada, pois isso não é de modo algum aquilo que esperamos de um poder infinito, de uma sabedoria infinita e de uma bondade infinita. Por que existe miséria no mundo? Certamente não por acaso. Nesse caso, devido a alguma causa. Devido à intenção da Deidade? Mas ela é completamente benevolente. Contra a sua intenção? Mas ela é omnipotente. Nada pode abalar a solidez deste raciocínio, tão breve, tão claro, tão decisivo, a não ser que afirmemos que estes assuntos excedem toda a capacidade humana e que os nossos padrões habituais de verdade e falsidade não se lhes aplicam; algo em que sempre insisti, mas que haveis desde início rejeitado com desprezo e indignação.

Mas, visto que nego que me possais alguma vez forçar a isso, irei ainda retirar-me voluntariamente desta posição e admitir que o sofrimento ou a miséria do homem é *compatível* com o poder e a bondade infinitos da Deidade, mesmo no sentido que dais a estes atributos. Que haveis avançado devido a todas estas concessões? Uma mera possibilidade de compatibilidade não é suficiente. Tendes de *provar* estes atributos puros, simples e incontroláveis, a partir dos fenómenos compostos e confusos actuais – e a partir apenas destes. Uma tarefa promissora! Mesmo que os fenómenos fossem completamente puros e simples, o facto de serem finitos torná-los-ia insuficientes para esse propósito. Quanto mais ainda, sendo eles igualmente tão opostos e discordantes!

Aqui, Cleantes, estou à vontade na minha argumentação. Aqui triunfo. Quando, anteriormente, discutimos acerca dos atributos naturais de inteligência e desígnio precisei de toda a minha subtileza céptica e metafísica para evitar que me apanhasses. Em muitas concepções do universo e das suas partes, particularmente nestas últimas, a beleza e a adequação das causas finais impressiona-nos com uma força tão irresistível, que todas as objecções aparecem como meras cavilações e sofismas (o que acredito que realmente são) e, por isso, não podemos imaginar como nos seria jamais possível atribuir-lhes algum peso. Mas não existe nenhuma concepção da vida ou da condição humana a partir da qual possamos, sem a maior das violências, inferir os atributos morais ou descobrir a benevolência infinita que, juntamente com o poder e sabedoria infinitos, temos de descobrir apenas pelos olhos da fé. É a vossa vez agora de puxar o trabalhoso remo e apoiar as vossas subtilezas filosóficas contra os ditames da razão e da experiência comuns.

Parte XI

Não me custa admitir, disse CLEANTES, que estive em condições de suspeitar que a repetição frequente da palavra *infinito*, que encontramos em todos os escritores de teologia, sabe mais a panegírico do que a filosofia e que quaisquer propósitos do raciocínio – e mesmo da religião – seriam mais bem servidos se nos contentássemos com expressões mais precisas e moderadas. Os termos *admirável*, *excelente*, *superlativamente grande*, *sábio* e *santo* enchem suficientemente a imaginação dos homens e qualquer coisa que vá além disso não só conduz a absurdos como não tem nenhuma influência nos afectos ou sentimentos. Assim, se abandonarmos neste assunto toda a analogia humana, como parece ser vossa intenção, DEMEA, temo que abandonemos toda a religião e que não conservemos qualquer noção do grande objecto da nossa adoração. Se mantivermos a analogia humana, teremos de considerar para sempre impossível reconciliar qualquer mistura de mal no universo com atributos infinitos; e muito menos poderemos provar os últimos a partir do primeiro. Mas se supusermos que o Autor da natureza, embora exceda em muito a humanidade, é finitamente perfeito torna-se então possível dar uma justificação satisfatória para o mal natural e moral e explicar e ajustar todos os fenómenos inconvenientes. É então possível escolher um mal menor para evitar um maior; aceitar dificuldades para alcançar um fim desejável; e, numa palavra, a benevolência, regulada pela sabedoria e limitada pela necessidade, produzir um mundo exactamente como o actual. Seria com prazer, Fílon, uma vez que estais sempre pronto a emitir opiniões, reflexões e analogias, que ouviria longamente e sem interrupção a vossa opinião sobre esta nova teoria; e, se ela merecer a nossa atenção, poderemos a seguir, com mais vagar, dar-lhe uma forma mais organizada.

Os meus sentimentos, respondeu Fílon, não merecem que faça deles mistério e, portanto, direi sem qualquer cerimónia o que me ocorre a respeito do presente assunto. Penso que se tem de admitir que, se se garantisse a uma inteligência muito limitada, que deveremos supor não estar familiarizada com o universo, que este é a produção de um Ser muito bom, sábio e poderoso mas finito, essa inteligência, com base nas suas conjecturas, formaria *de antemão* uma noção do universo diferente da que nós descobrimos pela experiência e nunca imaginaria, a partir meramente das informações de que dispõe sobre os atributos da causa, que o efeito poderia estar tão repleto de vício, miséria e desordem como aparece nesta vida. Supondo agora que esta pessoa fosse trazida ao mundo ainda com a garantia de que ele é a obra de um tal Ser sublime e benevolente, talvez ela pudesse ser surpreendida no seu desapontamento, mas nunca se retractaria da sua crença anterior, se esta estivesse fundada em algum argumento bastante sólido, posto que uma tal inteligência limitada deve ter consciência da sua própria cegueira e ignorância e deve admitir que podem existir muitas soluções para esses fenómenos, que escaparão para sempre à sua compreensão. Porém, supondo que, como acontece com o homem, esta criatura não está previamente convencida da existência de uma inteligência suprema, benevolente e poderosa, mas tem de formar essa crença a partir das aparências das coisas, isto altera completamente a situação e ela nunca encontrará qualquer razão para tal conclusão. Ela pode estar completamente convencida dos estreitos limites do seu entendimento, mas isso não a ajudará na formação de uma inferência acerca da bondade dos poderes superiores, uma vez que tem de formar essa inferência a partir do que conhece e não a partir daquilo que ignora. Quanto mais exagerais a sua fraqueza e ignorância, mais insegura a tornais e mais razões lhe dais para suspeitar de que esses assuntos estão fora do alcance das suas faculdades. Estais, portanto, obrigado a raciocinar com ela meramente a partir dos fenómenos conhecidos e a renunciar a toda a suposição ou conjectura arbitrárias.

Se eu vos mostrasse uma casa ou um palácio em que não existisse um aposento cómodo ou agradável, em que as janelas, as portas, as lareiras, os corredores, as escadas e a totalidade da economia do edifício fossem a fonte de ruído, de confusão, de fadiga, de escuridão e de calor e frio extremos, certamente que, sem o examinar mais, censuraríeis a invenção. Seria em vão que o arquitecto vos mostraria a sua subtileza e vos provaria que, se esta porta ou aquela janela fossem alteradas, seguir-se-iam enormes males. Tudo o que ele dissesse poderia ser estritamente verdadeiro: a alteração de um detalhe, sem alterar as outras partes do edifício, aumentar apenas os inconvenientes. Mas vós continuaríeis a afirmar que, em geral, se o arquitecto tivesse tido arte e boas intenções, poderia ter formado um plano do todo e ajustado as partes de maneira a remediar todos ou a maioria destes inconvenientes. A sua ignorância – ou mesmo a vossa própria ignorância de tal plano – nunca vos convencerá da sua impossibilidade. Se encontrardes muitos inconvenientes e deficiências no edifício, condenareis sempre o arquitecto, sem entrar em detalhes.

Em resumo, repito a questão: o mundo, considerado em geral e como nos aparece nesta vida, é diferente do que um homem ou um tal ser limitado poderia esperar *de antemão* de uma Deidade muito poderosa, sábia e benevolente? Tem de ser um estranho preconceito afirmar o contrário. E disso concluo que, por muito consistente que o mundo possa ser, admitindo certas suposições e conjecturas, com a ideia de uma tal Deidade, isso nunca nos poderá permitir fazer uma inferência acerca da sua existência. A consistência não é de forma alguma negada, mas apenas a inferência. As conjecturas – especialmente quando a infinidade é excluída dos atributos divinos – talvez possam ser suficientes para provar uma consistência, mas nunca poderão ser o fundamento de qualquer inferência.

Parecem existir *quatro* circunstâncias de que dependem todos ou a maior parte dos males que molestam as criaturas sensíveis; e é possível que nenhuma delas seja necessária e inevitável. Conhecemos tão pouco para lá da vida comum, ou mesmo da vida comum, que, com respeito à economia do universo não há nenhuma conjectura, por mais extravagante, que não possa estar correcta e que, por mais plausível, não possa estar errada. Tudo o que convém ao entendimento humano, nesta ignorância e obscuridade profundas, é ser céptico ou, pelo menos, cuidadoso e não admitir seja que hipótese for, muito menos uma hipótese que não seja apoiada por nenhuma aparência de probabilidade. Ora, afirmo que é isto que acontece a propósito de todas as causas do mal e das circunstâncias de que depende. Nenhuma parece à razão humana ser minimamente necessária ou inevitável e só poderemos supor que o são com a máxima licença da imaginação.

A *primeira* circunstância que introduz o mal é essa disposição ou economia da criação animal pela qual as dores, assim como os prazeres, são utilizados para incitar todas as criaturas à acção e para torná-las atentas no grande esforço da autopreservação. Ora, parece ao entendimento humano que o prazer por si só, nos seus diversos graus, é suficiente para este propósito. Todos os animais poderiam estar constantemente num estado de satisfação e, quando instigados por quaisquer das necessidades da natureza, como a sede, a fome e a fadiga, em vez de dor, poderiam sentir uma diminuição do prazer que os impelisse a procurar o objecto necessário à sua subsistência. Os homens perseguem o prazer tão avidamente como evitam a dor ou, pelo menos, poderiam ter sido constituídos dessa forma. Parece, portanto, claramente possível levar por diante os afazeres da vida sem nenhuma dor. Por que estão, então, os animais sempre sujeitos a uma tal sensação? Se podem estar dela libertos uma hora, poderiam gozar de uma isenção perpétua; e produzir esse sentimento exigiu um arranjo tão detalhado dos seus órgãos como dotá-los com visão, audição ou qualquer um dos sentidos. Iremos conjecturar, sem qualquer razão aparente, que um tal arranjo era necessário e construir sobre essa conjectura como sobre a verdade mais certa?

Mas, a capacidade de sofrer por si só não produziria dor, se não fosse a *segunda* circunstância, a saber, a condução do mundo por leis gerais; o que não parece de modo algum necessário a um Ser muito perfeito. É verdade que, se tudo fosse conduzido por volições particulares, o curso da natureza seria constantemente interrompido e nenhum homem poderia empregar a sua razão na conduta da vida. Mas, não poderia esta inconveniência ser remediada por intermédio de outras volições particulares? Em resumo, não poderia a Deidade ter eliminado todo o mal, onde quer que o encontrasse, e produzido todo o bem, sem qualquer preparação ou longa progressão de causas e efeitos?

Além disso, temos de ter em conta que, embora se suponha que, de acordo com a economia actual do mundo, o curso da natureza é exactamente regular, no entanto, ele não nos aparece dessa forma: muitos acontecimentos são incertos e muitos outros desapontam as nossas expectativas. A saúde e a doença, a bonança e a tempestade – assim como um número infinito de outros acidentes cujas causas são desconhecidas e variáveis – têm uma grande influência tanto nos destinos das pessoas particulares como na prosperidade das sociedades públicas. E, de facto, de certo modo toda a vida humana depende de acidentes desses. Portanto, um Ser que conhecesse as raízes secretas do universo poderia facilmente, através de volições específicas, dirigir todos estes acidentes para o bem da humanidade e tornar todo o mundo feliz, sem se revelar em nenhuma destas operações. Uma frota, cujos propósitos fossem benéficos para a sociedade, poderia encontrar sempre vento favorável; príncipes bons gozar de saúde sã e vida longa; pessoas nascidas para o exercício do poder e da autoridade dotadas de bom temperamento e disposição virtuosa. Alguns acontecimentos como estes, regular e sabiamente geridos, mudariam a face do mundo e, todavia, não pareceriam perturbar mais o curso da natureza ou confundir a conduta humana do que a presente economia das coisas em que as causas são secretas, variáveis e compostas. Alguns pequenos toques dados ao cérebro de CALÍGULA([LXV]) na sua infância poderiam tê-lo convertido num TRAJANO([LXVI]); uma vaga um pouco mais alta do que as restantes, ao enterrar CÉSAR e o seu destino no fundo do oceano, poderia ter devolvido a liberdade a uma parte considerável da humanidade. Tanto quanto sabemos, pode haver

([LXV]) Calígula, alcunha pela qual ficou conhecido o imperador romano Gaius Caesar Germanicus (12-41 a. C.), que governou de 37 a 41. Pouco depois de ter ascendido ao poder, adoeceu gravemente e, quando recuperou, o seu comportamento tornou-se despótico, extravagante e cruel. Isto conduziu ao seu assassinato por membros da Guarda Pretoriana em 41. Alguns autores antigos consideravam Calígua louco. Daí a sugestão de Hume.

([LXVI]) Trajano (53-117), imperador romano de 98 a 117. Ao contrário de Calígula, ficou conhecido pela moderação e acerto da sua governação.

boas razões para que a providência[LXVII] não interfira desta maneira, mas não as conhecemos e, embora a simples suposição de que essas razões existam possa ser suficiente para *salvar* a conclusão respeitante aos atributos divinos, é certo que, no entanto, nunca poderá ser suficiente para *estabelecer* essa conclusão.

Se tudo no universo é conduzido por leis gerais e se os animais são susceptíveis de sofrer, dificilmente parecerá possível que algum mal não surja dos diversos choques da matéria e da variada cooperação e oposição das leis gerais. Mas, se não fosse a *terceira* circunstância que propus mencionar, a saber, a grande frugalidade com que todos os poderes e faculdades são distribuídos a cada ser particular, este mal seria muito raro. Os órgãos e capacidades de todos os animais estão tão bem ajustados e tão bem adaptados à sua preservação que, tanto quanto a história ou a tradição alcança, parece não haver uma única espécie que se tenha extinto no universo. Cada animal tem os dons de que necessita, mas estes dons são concedidos com uma economia tão escrupulosa, que qualquer diminuição importante destrói completamente a criatura. Onde quer que haja o aumento de um poder, há uma diminuição proporcional dos outros. Os animais que se distinguem pela rapidez normalmente são desprovidos de força. Aqueles que possuem ambas, ou têm algum dos sentidos imperfeito ou são afligidos pelas necessidades mais intensas. A espécie humana, cuja característica principal é a razão e a sagacidade, é a mais necessitada de todas as outras e a mais deficiente em vantagens corporais, sem roupas, sem armas,

---

[LXVII] Deus considerado na sua capacidade de intervenção nos assuntos humanos e do mundo, de modo a que realizem o propósito para que foram criados. A crença na existência de uma providência é comum à maior parte das religiões e pressupõe a crença num deus bom, sábio e poderoso. É um dogma fundamental do Judaísmo, do Cristianismo e do Islamismo.

sem alimentos, sem alojamento, sem qualquer comodidade da vida, a não ser as que deve à sua própria habilidade e perseverança. Em resumo, a natureza parece ter feito um cálculo exacto das necessidades das suas criaturas e, como um *senhor inflexível,* concedeu-lhes poucos mais poderes ou dons do que aqueles que são estritamente suficientes para suprir essas necessidades. Um *progenitor indulgente* teria concedido um amplo fornecimento a fim de prevenir acidentes e assegurar a felicidade e bem-estar da criatura na concorrência de circunstâncias mais desafortunada. Cada percurso da vida não teria sido rodeado de tantos precipícios que o menor desvio do caminho verdadeiro, por engano ou necessidade, tenha de lançar-nos na miséria e ruína. Uma reserva ou um fundo teriam sido fornecidos para garantir a felicidade e os poderes e necessidades não teriam sido ajustados com uma economia tão rígida. O Autor da natureza é inconcebivelmente poderoso; supõe-se que a sua força é imensa ou mesmo totalmente inesgotável; e não há qualquer razão, tanto quanto podemos julgar, para fazê-lo observar esta estrita frugalidade nas relações com as suas criaturas. Se o seu poder fosse extremamente limitado, teria sido melhor que tivesse criado menos animais e os tivesse dotado com mais faculdades para a sua felicidade e preservação. Um construtor que se responsabiliza por um projecto que vai para além daquilo que o seu fornecimento lhe permite executar nunca é considerado prudente.

Para curar a maior parte dos males da vida humana não exijo que o homem tenha as asas da águia, a rapidez do veado, a força do boi, as garras do leão, as escamas do crocodilo ou do rinoceronte; e muito menos peço a sagacidade de um anjo ou querubim. Contento-me com aumentar um único poder ou faculdade da sua alma. Que ele seja dotado de uma maior propensão para a perseverança e trabalho, de uma flexibilidade e actividade mentais mais vigorosas, de uma tendência mais constante para os negócios e aplicação. Que a totalidade da espécie possua naturalmente uma diligência igual à que muitos indivíduos conseguem atingir pelo hábito e reflexão e as consequências mais benéficas, sem qualquer alívio do mal, serão o resultado imediato e necessário deste dom. Quase todos os males morais e naturais da vida humana surgem da ociosidade. Se, devido à constituição original do seu temperamento, a nossa espécie estivesse isenta deste vício ou infirmidade, ter-se-ia seguido imediatamente o cultivo perfeito da terra, o aperfeiçoamento das artes e das indústrias, a execução precisa de cada ofício e dever; e os homens teriam podido em seguida alcançar completamente aquele estado de sociedade que é tão imperfeitamente alcançado pelo governo mais regulado. Mas, como a perseverança é um poder, e o mais valioso de todos, a natureza parece determinada, de acordo com as suas máximas usuais, a concedê-lo aos homens com uma mão muito parcimoniosa e a puni-los severamente pela sua falta dele, em vez de recompensá-los pelas suas realizações. Ela forjou os seus temperamentos de modo a que apenas a mais violenta necessidade os pode obrigar a trabalhar e emprega todos os seus outros desejos para compensar, pelo menos em parte, a falta de diligência e dotá-los com alguma porção de uma faculdade de que naturalmente pensou conveniente privá-los. Tem de se reconhecer que estas nossas exigências são muito humildes e, por conseguinte, bastante razoáveis. Se exigíssemos os dons de uma compreensão e discernimento superiores, de um gosto pela beleza mais delicado, de uma sensibilidade mais intensa para a benevolência e a amizade, poder-nos-ia ser dito que impiamente pretendemos romper a ordem da natureza, que procuramos elevar-nos a uma categoria mais alta da existência e que os presentes que exigimos, como não são adequados ao nosso estado e à nossa condição, só nos seriam prejudiciais. Mas, é duro, ouso repeti-lo, é duro que tendo sido colocados no mundo tão cheios de carências e necessidades, em que quase todos os seres e elementos ou são nossos inimigos ou recusam a sua ajuda, que tenhamos que lutar também contra o nosso próprio temperamento e sejamos privados da única faculdade que nos poderia proteger contra esta multiplicidade de males.

A *quarta* circunstância da qual provêm a miséria e o mal do universo é a operação errática de todas as causas e princípios da grande máquina da natureza. Tem de se reconhecer que existem poucas partes do universo que não pareçam servir para algum propósito e cuja supressão não produziria uma imperfeição e uma desordem visíveis no todo. As partes dependem todas umas das outras e não é possível tocar numa delas sem que, em maior ou menor grau, as outras sejam todas afectadas. Mas, ao mesmo tempo, tem de se observar que, por mais úteis que sejam, nenhuma destas partes ou princípios estão tão perfeitamente ajustados que se mantenham exactamente dentro dos limites em que têm utilidade e que todos eles tendem, em qualquer altura, a cair em um extremo ou outro. Poder-se-ia imaginar que esta grandiosa produção não recebeu os últimos retoques do fabricante, tão pouco acabada está cada parte e tão grosseiros são os traços com que está executada. Assim, os ventos são precisos para transportar os vapores pela superfície do globo e para ajudar os homens na navegação. Mas quantas vezes não levantam tempestades e furacões e se tornam perniciosos? As chuvas são necessárias para alimentar todas as plantas e animais da terra. Mas quantas vezes não são insuficientes? E quantas vezes não são excessivas? O calor é indispensável a toda a vida e vegetação; mas nem sempre se encontra na proporção devida. Da mistura e da secreção dos humores e sucos do corpo depende a saúde e a prosperidade do animal, mas as partes não executam regularmente as suas funções próprias. O que é mais útil do que todas as paixões da mente, ambição, vaidade, amor, cólera? Mas quantas vezes não ultrapassam os seus limites e causam as maiores convulsões na sociedade? Não há nada tão vantajoso no universo que não se torne frequentemente prejudicial devido ao seu excesso ou falta; e a natureza não se preveniu com o cuidado necessário contra toda a desordem ou confusão. Talvez a irregularidade nunca seja tão grande que destrua quaisquer espécies, mas é muitas vezes suficiente para causar a ruína e a miséria dos indivíduos.

Da cooperação, então, destas *quatro* circunstâncias depende todo ou a maior parte do mal natural. Se nenhuma criatura viva fosse capaz de sofrer ou se o mundo fosse administrado por volições particulares, o mal nunca teria podido aceder ao universo. E se os animais fossem dotados de uma ampla provisão de poderes e faculdades, para além do que requer a estrita necessidade, ou se as várias causas e princípios do universo estivessem cuidadosamente articulados, de modo a preservar sempre o temperamento e o meio adequados, teria existido muito pouco mal em comparação com o que sentimos presentemente. Que deveremos então afirmar nesta ocasião? Deveremos nós dizer que estas circunstâncias não são necessárias e que poderiam facilmente ter sido alteradas na invenção do universo? Esta decisão parece demasiado presunçosa para criaturas tão cegas e ignorantes. Sejamos mais modestos nas nossas conclusões. Admitamos que se a bondade da Deidade (quero dizer uma bondade como a humana) pudesse ser estabelecida com base em quaisquer razões *a priori* aceitáveis, estes fenómenos, apesar de desagradáveis, não seriam suficientes para subverter aquele princípio, mas poderiam facilmente, de alguma maneira desconhecida, ser reconciliáveis com ele. Mas afirmemos ainda que, como esta bondade não está previamente estabelecida mas tem de ser inferida dos fenómenos, não pode haver fundamento para essa inferência enquanto existirem tantos males no universo e, tanto quanto pode ao entendimento humano ser concedido julgar num assunto destes, males que poderiam ter sido tão facilmente remediados. Sou suficientemente céptico para admitir que, apesar de todos os meus raciocínios, as aparências adversas podem ser compatíveis com atributos como aqueles que supondes; mas de certeza que nunca poderão provar estes atributos. Uma conclusão destas não pode resultar do cepticismo, mas tem de provir dos fenómenos e da nossa confiança nos raciocínios que deduzimos destes fenómenos.

Olhai o universo em vosso redor. Que enorme profusão de seres animados e organizados, sensíveis e activos! Vós admirais esta prodigiosa variedade e fecundidade. Mas examinai um pouco mais de perto as existências vivas, os únicos seres para os quais merece a pena olhar. Quão hostis e destrutivos são uns para os outros! Quão insuficientes são todos para a sua própria felicidade! Quão desprezíveis ou odiosos são para o espectador! O todo revela unicamente a ideia de uma natureza cega, impregnada por um grande princípio vivificador, que derrama do seu regaço, sem discernimento ou cuidados maternais, as suas crianças mutiladas e abortadas!

O sistema Maniqueísta([LXVIII]) surge aqui como uma hipótese apropriada para resolver a dificuldade; e, devido a fornecer uma justificação plausível da estranha mistura de bem e mal que aparece na vida, sem dúvida que em certos aspectos é muito especioso e mais provável do que a hipótese

([LXVIII]) Religião fundada por Manes ou Maniqueu (c. 216-276) na Mesopotâmia e que era uma síntese do Zoroastrismo, do Budismo e do Cristianismo. Os maniqueístas viam o mundo como o resultado e o lugar de conflito entre dois deuses opostos, mas com poderes praticamente idênticos, Bem e Mal, Luz e Trevas, Espírito e Matéria. O termo foi usado na Idade Média para qualificar algumas heresias e é ainda usado, às vezes, na filosofia para designar qualquer sistema que admita dois princípios cósmicos de bem e mal. Pierre Bayle no artigo do seu *Dictionnaire historique et critique* sobre o maniqueísmo defendeu que a resposta maniqueísta para o problema do mal é mais racional do que a Cristã. Esta passagem de Hume parece ecoar essa afirmação de Bayle. O termo «especioso» significa aqui sedutor.

comum. Mas, se, por outro lado, considerarmos a uniformidade e a concordância perfeitas das partes do universo, não descobriremos nele quaisquer marcas do combate de um Ser malévolo com um Ser benévolo. Há, de facto, uma oposição entre sofrimentos e prazeres nos sentimentos das criaturas sensíveis; mas não são todas as operações da natureza levadas a cabo por meio de uma oposição de princípios, de quente e frio, húmido e seco, leve e pesado? A conclusão verdadeira é que a fonte original de todas as coisas é completamente indiferente a todos estes princípios e não prefere mais o bem ao mal do que o calor ao frio, a secura à humidade ou o leve ao pesado.

É possível formular *quatro* hipóteses acerca das primeiras causas do universo: *que* são dotadas de bondade absoluta; *que* têm uma malícia absoluta; *que* são opostas e têm ao mesmo tempo bondade e malícia; *que* não têm nem bondade nem malícia. Os fenómenos compostos não podem provar os dois primeiros princípios simples. E a uniformidade e estabilidade das leis gerais parecem opor-se ao terceiro. O quarto, portanto, parece ser de longe o mais provável.

O que eu disse sobre o mal natural aplica-se com pequenas ou nenhumas variações ao mal moral([LXIX]); e não temos mais razões para inferir que a rectidão do Ser supremo se assemelhe à rectidão humana do que para inferir que a sua benevolência se assemelhe à benevolência humana. Além disso, uma vez que, na opinião de muitas pessoas, o mal moral predomina muito mais sobre o bem moral do que o mal natural sobre o bem natural, há quem pense que temos ainda mais razões para negar que tenha sentimentos morais do tipo que sentimos.

Mas, mesmo que isto não deva ser admitido e que a virtude existente na humanidade deva ser reconhecida como

([LXIX]) O *mal natural* ou *metafísico* é o que resulta da acção das forças da natureza (terramotos, inundações, etc.). O mal moral é o que tem por origem as acções humanas.

muito superior ao vício, no entanto, enquanto houver algum vício no universo ser-vos-á, antropomorfistas, muito embaraçoso explicá-lo. Tendes de lhe atribuir uma causa sem recorrer à causa primeira. Mas como cada efeito deve ter uma causa e essa causa uma outra, tendes de continuar a progressão *in infinitum* ou parar nesse princípio original que é a causa última de todas as coisas...

Esperai! Esperai! exclamou Demea, para onde vos precipita a vossa imaginação? Aliei-me a vós para provar a natureza incompreensível do Ser divino e refutar os princípios de Cleantes, que iria avaliar tudo por regras e padrões humanos. Mas agora vejo-vos percorrer todos os tópicos dos maiores libertinos e infiéis e trair a santa causa que aparentemente abraçaste. Sois vós, então, secretamente, um inimigo mais perigoso do que o próprio Cleantes?

E vós demorastes tanto a percebê-lo? respondeu Cleantes. Acreditai-me, Demea, que desde início que o vosso amigo Fílon se esteve a divertir à custa de ambos; e temos de reconhecer que o raciocínio nada judicioso da nossa teologia vulgar deu-lhe uma excelente oportunidade de nos ridicularizar. A total fraqueza da razão humana, a absoluta incompreensibilidade da natureza divina, a grande e universal miséria e a ainda maior maldade dos homens, são certamente tópicos estranhos para serem tão afectuosamente acarinhados pelos teólogos e doutores ortodoxos. Na verdade, em épocas de estupidez e ignorância estes princípios podem ser abraçados sem receio e talvez nenhumas perspectivas das coisas sejam mais apropriadas para promover a superstição do que aquelas que encorajam a admiração cega, a desconfiança e a melancolia da humanidade. Mas no presente...

Não censureis tanto, interpôs-se Fílon, a ignorância destes reverendos cavalheiros. Eles sabem como mudar o seu estilo de acordo com os tempos. No passado foi um tópico teológico muito popular sustentar que a vida humana era vaidade e miséria e exagerar todos os males e todos os sofrimentos que podem ocorrer aos homens. Mas, verificamos que nos últimos anos os teólogos começam a retractar-se desta posição e sustentam, embora ainda que com alguma hesitação, que, mesmo nesta vida, existem mais bens do que males, mais prazeres do que sofrimentos. Quando a religião assentava inteiramente no temperamento e na educação julgava-se correcto encorajar a melancolia, visto que, na verdade, a humanidade nunca recorre tão prontamente aos poderes superiores como nessa disposição. Mas, como os homens aprenderam agora a formular princípios e a extrair consequências é necessário mudar de armas e fazer uso de argumentos que suportem pelo menos algum escrutínio e exame. Esta variação é a mesma (e provém das mesmas causas) que aquela a que me referi anteriormente a respeito do cepticismo.

E assim prosseguiu até ao fim FÍLON o seu espírito de oposição e censura às opiniões estabelecidas. Mas pude observar que DEMEA não apreciou nada a última parte do discurso e, pouco depois, aproveitou a ocasião para, com base num pretexto qualquer, deixar o grupo.

Parte XII

Depois da partida de DEMEA, CLEANTES e FÍLON continuaram a conversa da seguinte maneira. Receio que o nosso amigo, disse CLEANTES, esteja pouco inclinado a retomar este tema de conversação quando estiverdes presente e, para dizer a verdade, FÍLON, desejaria antes discorrer sobre um assunto tão sublime e interessante com cada um de vós em separado. O vosso espírito de controvérsia, em conjunto com a vossa aversão à superstição vulgar, leva-vos por extensões estranhas quando empenhado numa discussão; e não há nada tão sagrado e venerável, mesmo aos vossos próprios olhos, que poupeis nessa ocasião.

Tenho de confessar, respondeu FÍLON, que sou menos cauteloso em questões de religião natural do que em quaisquer outras, não só porque sei que nunca poderei, nessas matérias, corromper os princípios de qualquer homem de senso comum, mas também porque estou certo de que ninguém, a cujos olhos eu pareça um homem de senso comum, interpretará mal as minhas intenções. Vós, em particular, CLEANTES, com quem vivo em franca intimidade, sabeis bem que, apesar da liberdade da minha conversação e do meu gosto por argumentos singulares, ninguém tem um sentimento religioso mais intenso gravado na sua mente ou presta uma adoração mais profunda ao Ser divino, tal como ele próprio se revela à razão na invenção e artifício inexplicáveis da natureza. O pensador mais negligente e estúpido descobre um propósito, uma intenção ou um desígnio em qualquer lugar; e ninguém pode estar tão habituado a sistemas absurdos que rejeite isso sempre. *Que a Natureza nada faz em vão* é uma máxima estabelecida em todas as escolas meramente a partir da contemplação das obras da natureza, sem qualquer propósito religioso e, devido à firme convicção da sua verdade, um anatomista que tivesse observado um novo órgão ou canal não se sentiria satisfeito enquanto não tivesse descoberto também o seu uso e intenção. Um dos grandes fundamentos do sistema COPERNICANO é a máxima de que *a Natureza actua pelos métodos mais simples e escolhe os meios mais apropriados a cada fim*([LXX]); e os astrónomos frequentemente, sem pensar nisso, afirmam este forte fundamento da piedade e da religião. O mesmo se verifica noutras partes da filosofia. E, deste modo, quase todas as ciências nos levam insensivelmente a reconhecer um primeiro Autor inteligente; e a sua autoridade é geralmente tanto maior quanto não professam directamente essa intenção.

É com prazer que ouço GALENO([LXXI]) raciocinar acerca da estrutura do corpo humano. Ele diz([10]) que a anatomia de um

([LXX]) Nova referência ao Princípio da Parcimónia ou "navalha de Ockham" (cf. nota da página 63). O sistema copernicano é mais simples do que o ptolemaico e, por isso, preferível a ele.

([LXXI]) Galeno (129-c. 210), famoso médico da Antiguidade, que fez estudos de anatomia e experiências em muitas espécies animais, incluindo macacos. O valor das suas observações e uma concepção teleológica do mundo – a que Hume alude neste passo e que Judeus, Cristãos e Muçulmanos partilham – fizeram dele o biólogo mais influente até ao Renascimento. Foi também um filósofo de relevo, tendo escrito sobre lógica, epistemologia, filosofia da ciência e moral.

([10]) *De formatione Fœtus*. [*De Foetuum Formatione Libellus*, Cap. VI; Galeni *Opera* (1822), liv. IV, pp. 691 ss.]

homem revela mais de 600 músculos diferentes e que, quem quer que os examine apropriadamente verificará que, em cada um deles, a natureza teve de ajustar pelo menos dez circunstâncias diferentes para atingir o fim a que se propôs: forma adequada, tamanho justo, disposição correcta das várias extremidades, posição superior e inferior do todo, inserção devida dos vários nervos, veias e artérias; de tal modo que, nos músculos apenas, tiveram de ser concebidas e executadas mais de 6 000 ideias e intenções diferentes. Ele calcula que os ossos sejam 284 e mais de 40 os propósitos diferentes visados com a estrutura de cada um. Que prodigiosa exibição de artifício, mesmo nestas partes simples e homogéneas! Mas, se considerarmos a pele, os ligamentos, os vasos, as glândulas, os humores, as várias extremidades e membros do corpo, quão não tem a nossa admiração de aumentar, em proporção ao número e complexidade das partes tão artificialmente ajustadas! Quanto mais avançamos nestas investigações, mais descobrimos novas situações de arte e sabedoria; mas divisamos ainda, a alguma distância, outras situações, fora do nosso alcance, na delicada estrutura interna das partes, na economia do cérebro e na construção dos vasos seminais. Todos estes artifícios são repetidos em cada espécie animal diferente com maravilhosa variedade e com exacta adequação, de modo a satisfazer as diferentes intenções da natureza ao forjar cada espécie. E se a infidelidade de GALENO, mesmo quando estas ciências naturais eram ainda imperfeitas, não pôde opor-se a aparências tão impressionantes, a que grau de tenaz obstinação teve um filósofo desta época de chegar para agora poder duvidar de uma inteligência suprema?

Se pudesse encontrar-me com um desta espécie (que, graças a Deus, são muito raros) perguntar-lhe-ia: supondo que existisse um Deus que não se revelasse imediatamente aos nossos sentidos, ser-lhe-ia possível dar provas mais fortes da sua existência do que aquilo que aparece por toda a natureza? O que poderia, na verdade, um tal Ser divino fazer a não ser copiar a presente economia das coisas, tornar muitos dos seus artifícios tão evidentes que nenhuma estupidez os pudesse confundir, fornecer vislumbres de artifícios ainda maiores, que demonstrassem a sua superioridade prodigiosa sobre os nossos limitados intelectos, e esconder completamente um grande número de tais criaturas tão imperfeitas? Ora, segundo todas as regras do raciocínio correcto, qualquer facto deve ser considerado indiscutível quando é apoiado por todos os argumentos que a sua natureza admite, ainda que estes argumentos não sejam, em si mesmos, muito numerosos ou convincentes. Quanto mais, no caso presente, em que nenhuma imaginação humana pode calcular o seu número nem nenhum entendimento avaliar a sua força!

Acrescentarei ainda, disse Cleantes, ao que haveis exposto tão bem, que uma grande vantagem do princípio do teísmo é a de ser o único sistema cosmogónico que pode ser tornado inteligível e completo e, apesar disso, conservar em tudo uma forte analogia com o que vemos e experimentamos diariamente no mundo. A comparação do universo com uma máquina de invenção humana é tão óbvia e natural, e é justificada por tantos exemplos de ordem e de desígnio na natureza, que deve imediatamente impressionar todos os intelectos sem preconceitos e obter aprovação universal. Quem quer que tente enfraquecer esta teoria não pode pretender consegui-lo estabelecendo no seu lugar uma outra que seja precisa e determinada. É-lhe suficiente levantar dúvidas e dificuldades e, através de pontos de vista distantes e abstractos das coisas, alcançar a suspensão do juízo, que é aqui o limite extremo dos seus desejos. Mas este estado de espírito, além de ser em si mesmo insatisfatório, nunca pode ser firmemente mantido contra aparências tão impressionantes como as que continuamente nos levam a abraçar a hipótese religiosa. Devido à força dos preconceitos, a natureza humana é capaz de aderir com obstinação e perseverança a um sistema falso e absurdo; mas penso que seja absolutamente impossível sustentar ou defender – em oposição a uma teoria apoiada numa razão forte e óbvia, numa propensão natural e numa educação a partir de tenra idade – a ausência total de sistema.

Considero a suspensão do juízo tão pouco possível neste caso, respondeu Fílon, que me inclino a suspeitar que há, mais do que geralmente se imagina, algo de uma disputa de palavras nesta controvérsia. É evidente que as obras da natureza têm uma grande analogia com as produções da arte e, segundo todas as regras do bom raciocínio, se decidimos argumentar a respeito delas, devemos inferir que as suas causas têm uma analogia proporcional. Mas, como há também diferenças consideráveis, temos razões para supor uma diferença proporcional nas causas e, em particular, que devemos atribuir à causa suprema um grau de poder e energia muito superior a qualquer que tenhamos alguma vez observado na humanidade. A existência de uma Deidade é então aqui claramente confirmada pela razão; e se pomos a questão de saber se, por causa destas analogias, podemos correctamente chamar-lhe uma *mente* ou *inteligência*, apesar da grande diferença que pode razoavelmente supor-se entre ela e as mentes humanas, que é isto senão uma mera controvérsia verbal? Ninguém pode negar as analogias entre os efeitos; coibirmo-nos de investigar as causas também não é possível. A conclusão legítima desta investigação é que as causas também têm uma analogia; e se não nos satisfaz chamar à causa suprema e primeira Deus ou Deidade e desejarmos mudar a expressão, que poderemos chamar-lhe a não ser mente ou pensamento, aos quais se supõe justamente que tem uma semelhança considerável?

Todos os homens de juízo são têm aversão às disputas verbais, que tanto abundam nas investigações filosóficas e teológicas; e observa-se que o único remédio para este abuso tem de provir de definições claras, da precisão das ideias que entram em qualquer argumento e do uso rigoroso e uniforme dos termos que são empregues. Mas, há uma espécie de controvérsia que devido à própria natureza da linguagem e das ideias humanas está envolta em perpétua ambiguidade e nunca será capaz de alcançar, por quaisquer precauções ou quaisquer definições, uma certeza ou precisão razoáveis. São as controvérsias acerca dos graus de qualquer qualidade ou circunstância. Os homens podem discutir eternamente se Aníbal([LXXII]) foi um grande, muito grande ou superlativamente grande homem, que grau de beleza possuía Cleópatra, que epíteto de louvor Lívio ou Tucídides([LXXIII]) merecem, sem levar a controvérsia a nenhuma determinação. Os interlocutores podem aqui concordar quanto ao sentido e discordar quanto aos termos, ou *vice versa,* sem, contudo, nunca serem capazes de definir os seus termos de modo a penetrar no significado um do outro, porque os graus destas qualidades não são, como a quantidade ou o número, susceptíveis de uma medição exacta que possa ser o padrão na controvérsia. Que a disputa a respeito do teísmo é desta natureza, e consequentemente meramente verbal, ou talvez, se possível, ainda mais incuravelmente ambígua, tornar-se-á visível à menor investigação. Pergunto ao teísta se ele não admite que há uma grande e incomensurável, porque incompreensível, diferença entre a mente *humana* e a *divina*; quanto mais pio ele for, mais prontamente assentirá à afirmativa e mais disposto estará a aumentar a diferença; afirmará mesmo que

([LXXII]) Aníbal (247 BC-182 a. C.), famoso general cartaginês, considerado um dos mais brilhantes da Antiguidade, que, na Segunda Guerra Púnica (218-201) contra Roma, levou os seus exércitos, que incluíam elefantes de batalha, a atravessar os Pirinéus e os Alpes, no Inverno, para atacar os Romanos no Norte de Itália.

([LXXIII]) Tucídides (c. 460-395 a. C.), historiador grego que escreveu a *História da Guerra do Peloponeso*, na qual relata a guerra entre as cidades de Atenas e Esparta, no século V a. C., e que a última, ao fim de 27 anos acabou por vencer.

a diferença é de uma natureza tal que não pode ser demasiado aumentada. Volto-me em seguida para o ateu – o qual, afirmo eu, o é apenas nominalmente e talvez nunca possa estar a ser sincero – e pergunto-lhe se, com base na coerência e simpatia aparente de todas as partes deste mundo, não há um certo grau de analogia entre todas as operações da natureza, em qualquer situação e época; se a decomposição de um nabo, a geração de um animal e a estrutura do pensamento humano não são actividades que provavelmente têm entre si uma remota analogia. É impossível que possa negá-lo. Irá prontamente reconhecê-lo. Tendo obtido esta concessão, obrigo-o a recuar ainda mais e pergunto-lhe se não é provável que o princípio que originariamente arranjou e continua a manter a ordem neste universo tenha também uma analogia remota e inconcebível com as outras operações da natureza e, em particular, com a economia da mente e do pensamento humanos. Ainda que com relutância, ele tem de dar o seu assentimento. Onde está então, pergunto eu aos dois antagonistas, o objecto da vossa disputa? O teísta admite que a inteligência original é muito diferente da razão humana; o ateu admite que o princípio original da ordem tem com ela uma analogia remota. Ireis discutir, meus senhores, acerca dos graus e entrar numa controvérsia que não admite um significado preciso, nem, consequentemente, qualquer determinação? Se fôsseis obstinados a esse ponto, não ficaria surpreendido por ver-vos mudar inconscientemente de posição, enquanto o teísta, por um lado, exagerava a dissimilaridade entre o Ser supremo e as frágeis, imperfeitas, variáveis, efémeras e mortais criaturas; e o ateu, por outro, aumentava a analogia entre todas as operações da natureza, em qualquer época, situação e posição. Considerai, então, onde reside o verdadeiro ponto de controvérsia e, se não podeis abandonar as vossas disputas, tentai ao menos curar-vos da vossa própria animosidade.

E, neste ponto, tenho também de reconhecer, CLEANTES, que, como as obras da natureza têm uma analogia muito maior com os efeitos da *nossa* arte e invenção do que com os da *nossa* benevolência e justiça, temos razões para inferir que os atributos naturais da Deidade têm uma semelhança muito maior com os do homem do que os seus atributos morais com as virtudes humanas. Mas, qual é a consequência? Apenas esta: as qualidades morais do homem são, no seu género, mais defeituosas do que as suas capacidades naturais. Pois, visto que se admite que o Ser supremo é absolutamente e completamente perfeito, aquilo que difere mais dele afasta-se ao máximo do padrão supremo de rectidão e perfeição([11]).

Estes, CLEANTES, são os meus sentimentos sinceros a respeito deste assunto; e bem sabeis que sempre os acalentei e mantive. Mas a minha repulsa pelas superstições vulgares é proporcional à minha veneração pela verdadeira religião; e confesso que sinto um prazer peculiar em levar estes princípios umas vezes ao absurdo, outras à impiedade. E tendes consciência de que todos os fanáticos, apesar de terem uma maior aversão pela última do que pelo primeiro, são em geral culpados igualmente de ambos.

Reconheço que a minha inclinação, respondeu CLEANTES, segue uma via contrária. A religião, por muito corrompida

([11]) Parece evidente que a disputa entre os cépticos e dogmáticos é inteiramente verbal ou, pelo menos, que diz respeito apenas aos graus de dúvida e certeza que devemos permitir em relação a todos os raciocínios; e, estas disputas, no fundo, são geralmente verbais e não admitem qualquer determinação precisa. Nenhum filósofo dogmático nega que existam dificuldades tanto em relação aos sentidos como a todas as ciências e que estas dificuldades são completamente insolúveis através de um método regular e lógico. Nenhum céptico nega que, apesar destas dificuldades, temos necessidade absoluta de pensar, acreditar e raciocinar a respeito de toda a espécie de assuntos e até de aquiescer frequentemente com confiança e segurança. A única diferença, pois, entre estas seitas – se é que merecem esse nome – é que o céptico, por hábito, capricho ou inclinação, insiste mais nas dificuldades e o dogmático, por iguais razões, na necessidade.

que esteja, é ainda melhor do que a ausência total de religião. A doutrina de um estado futuro é uma garantia tão forte e necessária à moral que nunca deveremos abandoná-la ou negligenciá-la. Pois se, como constatamos diariamente, recompensas e castigos finitos e temporários têm um tão grande efeito, quão maior não deve ser o efeito esperado de recompensas e castigos que são infinitos e eternos?

Se a superstição vulgar é tão benéfica para a sociedade, disse FÍLON, como se explica, então, que por toda a história abundem os relatos das suas consequências perniciosas para os negócios públicos? Tumultos, guerras civis, perseguições, subversões de governo, opressão, escravatura; estas são as tristes consequências que sempre acompanham a sua preponderância nas mentes dos homens. Sempre que o espírito religioso é mencionado numa narrativa histórica, podemos ter a certeza de que iremos em seguida encontrar uma descrição detalhada das misérias que o acompanham. E nenhuma época pode ser mais feliz ou próspera do que aquelas em que nunca o tiveram em conta ou em que nunca ouviram falar dele.

A razão desta observação, respondeu CLEANTES, é óbvia. A função própria da religião é regular os corações dos homens, humanizar a sua conduta, infundir o espírito de temperança, ordem e obediência; e, como a sua actuação é silenciosa e se limita a reforçar os motivos da moralidade e da justiça, corre o risco de passar despercebida e ser confundida com estes outros motivos. Quando se distingue e age sobre os homens como um princípio separado, afastou-se da sua esfera própria e tornou-se meramente uma cobertura para tumultos e ambições.

E o mesmo fará toda a religião, disse FÍLON, excepto a de género filosófico e racional. Os vossos raciocínios são eludidos mais facilmente do que os meus factos. Não é correcto inferir que, porque recompensas e castigos finitos e temporários têm uma influência tão grande, então, recompensas e castigos infinitos e eternos têm de ter uma influência muito maior. Considerai, peço-vos, o apego que temos às coisas presentes e o pouco interesse que revelamos por objectos tão remotos e incertos. Quando os teólogos declamam contra o comportamento e a conduta comum do mundo representam sempre este princípio como o mais forte que é possível imaginar (que de facto é) e descrevem quase todo o género humano como estando sob a sua influência e mergulhado na mais profunda letargia e indiferença pelos seus interesses religiosos. No entanto, quando refutam os seus antagonistas especulativos, estes mesmos teólogos supõem que os motivos da religião são tão poderosos que, sem eles, seria impossível à sociedade civil subsistir; e não têm vergonha de uma contradição tão palpável. A experiência mostra que o mais pequeno grão de honestidade e benevolência naturais têm mais efeito sobre a conduta dos homens do que as concepções mais pomposas sugeridas pelas teorias e sistemas teológicos. A inclinação natural de uma pessoa actua sobre ela incessantemente, está sempre presente à mente e mistura-se com cada atitude e consideração; enquanto que os motivos religiosos, quando actuam, operam apenas por impulsos e saltos e dificilmente se poderão tornar completamente habituais à mente. Os filósofos dizem que a força da maior gravidade é infinitamente pequena em comparação com a do menor impulso; no entanto, é certo que, no fim, a mais pequena gravidade prevalecerá sobre um impulso maior, porque nenhuns golpes ou choques podem ser repetidos com tanta constância como a atracção e gravitação.

Outra vantagem da inclinação é que mobiliza para si toda a perspicácia e engenho da mente; e quando se opõe aos princípios religiosos recorre a todos os métodos e artes para eludi-los; no que é quase sempre bem sucedida. Quem pode explicar o coração do homem ou justificar os estranhos pretextos e desculpas com que as pessoas se convencem a si próprias quando seguem as suas inclinações em vez do seu dever religioso? O mundo compreende isto bem; e só loucos depositariam menos confiança num homem porque ouviram dizer que, devido ao estudo e à filosofia, alimenta algumas dúvidas especulativas a respeito dos temas teológicos. E quando temos de lidar com uma pessoa que proclama ser muito religiosa e devota, o único efeito disto sobre muitos que são considerados prudentes não é o de pô-los em guarda para que não sejam enganados e ludibriados por ela?

Devemos além disso ter em conta que os filósofos, que cultivam a razão e a reflexão, têm menos necessidade de tais motivos para se manter dentro dos limites da moral; e que as pessoas comuns, que são só quem pode necessitar deles, são completamente incapazes de uma religião tão pura como a que representa a Deidade satisfazendo-se apenas com a virtude no comportamento humano. Supõe-se geralmente que os louvores à Divindade são observâncias frívolas, êxtases arrebatados ou uma credulidade fanática. Não precisamos de remontar à antiguidade ou deambular por regiões remotas para encontrar exemplos desta degeneração. Entre nós, algumas pessoas foram culpadas desta atrocidade, desconhecida das superstições EGÍPCIA e GREGA, de atacar expressamente a moralidade e representar o facto de lhe atribuir a menor confiança ou crédito como uma perda segura do favor divino.

Mas, mesmo que a superstição ou o entusiasmo não se opusessem directamente à moralidade, o mero desvio da atenção, a instituição de uma nova e frívola espécie de mérito, a absurda distribuição que fazem de elogios e censuras, não podem deixar de ter as mais perniciosas consequências e de enfraquecer extremamente o apego das pessoas aos motivos naturais de justiça e humanidade.

Como um tal princípio de acção não é também nenhum dos motivos familiares da conduta humana, actua apenas intervaladamente sobre o temperamento e tem de ser estimulado por esforços contínuos, para que o piedoso fanático fique satisfeito com a sua própria conduta e realize a sua devota tarefa. Muitos exercícios religiosos são realizados com aparente fervor, embora o coração nesse momento se sinta frio e lânguido. O hábito da dissimulação é adquirido gradualmente e a fraude e falsidade tornam-se os princípios predominantes. Daí a razão da observação vulgar de que o mais alto zelo em religião e a mais profunda hipocrisia, longe de serem inconsistentes, estão frequentemente ou geralmente unidos na mesma personalidade.

Os efeitos perversos de tais hábitos, mesmo na vida comum, são fáceis de imaginar. Mas, quando os interesses da religião estão em jogo, nenhuma moralidade pode ser suficientemente forte para impedir o entusiasta fanático. O carácter sagrado da causa santifica toda e qualquer medida que se possa usar para promovê-la.

A atenção firme para com um interesse tão importante como o da salvação eterna é capaz, por si só, de extinguir os afectos benevolentes e gerar um egoísmo estreito e mesquinho. E quando um tal temperamento é encorajado, facilmente elude todos os preceitos gerais de caridade e benevolência.

Assim, os motivos da superstição vulgar não têm grande influência sobre a conduta geral e, nos casos em que predominam, a sua operação não é favorável à moralidade.

Há alguma máxima mais certa e infalível em política do que a que diz que tanto o número como a autoridade dos sacerdotes devem ser confinados dentro de limites muito estreitos e que o magistrado civil deve manter sempre as suas *fasces* e *axes*([LXXIV]) fora do alcance de mãos tão perigosas? Porém, se o espírito da religião popular fosse tão benéfico para a sociedade, seria a máxima contrária que deveria prevalecer. Um maior número de sacerdotes com maior

([LXXIV]) As *Faces* eram símbolos de poder e autoridade na Roma Antiga. Consistiam em varas de madeira atadas em forma de cilindro em redor de um machado (*axe*). As varas simbolizavam o poder de chicotear e o machado o poder de decapitar.

autoridade e riqueza aumentaria sempre o espírito religioso. E, embora os sacerdotes estejam na liderança deste espírito, porque não podemos esperar uma santidade de vida superior e uma benevolência e moderação ainda maiores de pessoas dedicadas à religião, que a inculcam continuamente nos outros e que devem estar eles próprios embebidos de uma enorme porção dela? Donde resulta, então, que, na realidade, o máximo a que um magistrado prudente se pode propor a respeito das religiões populares é a, tanto quanto possível, jogar pelo seguro e evitar as suas consequências perniciosas para a sociedade? Todos os expedientes a que recorre para um tão humilde propósito estão rodeados de inconveniências. Se ele admite apenas uma religião entre os seus súbditos, tem de sacrificar a uma esperança incerta de tranquilidade toda a consideração pela liberdade pública, pela ciência, pela razão, pela aplicação e até a sua própria independência. Se ele tolera várias seitas – o que constitui a máxima mais prudente –, tem de manter uma indiferença muito filosófica para com todas elas e conter cuidadosamente as pretensões da seita predominante; caso contrário pode esperar apenas disputas infindáveis, querelas, tumultos, perseguições e comoções civis.

Reconheço que a verdadeira religião não tem estas consequências perniciosas; mas devemos tratar da religião tal como geralmente a encontramos no mundo. Também não me ocupo da doutrina especulativa do teísmo que, como é uma espécie de filosofia, tem de partilhar da influência benéfica desse princípio e, ao mesmo tempo, tem de se encontrar sob a inconveniência semelhante de estar sempre confinada a muito poucas pessoas.

Os juramentos são necessários em todos os tribunais; mas é questionável que a sua autoridade provenha de alguma religião popular. As principais restrições que se exercem sobre a humanidade são a solenidade e a importância da ocasião, a consideração pela reputação e a reflexão sobre os interesses gerais da sociedade. Os juramentos que se fazem nas alfândegas e os juramentos políticos são tidos em pouca conta mesmo por aqueles que pretendem guiar-se por princípios de honestidade e de religião; e a afirmação de um Quacre([LXXV]) é, a justo título, posta entre nós em pé de igualdade com o juramento de qualquer outra pessoa. Sei que POLÍBIO([12]) atribui a infâmia da fé GREGA à prevalência da filosofia EPICURISTA; mas também sei que a fé PÚNICA([LXXVI]) tinha nos tempos antigos uma reputação tão má quanto o testemunho dos IRLANDESES nos modernos, embora não possamos justificar estas observações vulgares com as mesmas razões. Para não mencionar que a fé GREGA já era infame antes do surgimento da filosofia EPICURISTA; e que EURÍPIDES([13]), numa passagem que vos indicarei, desferiu a respeito desta circunstância um notável golpe de sátira contra a sua nação.

Tende cuidado, FÍLON, respondeu CLEANTES, tende cuidado. Não leveis as coisas demasiado longe; não permitais que o vosso zelo contra a falsa religião mine a vossa veneração pela verdadeira. Não abandoneis este princípio que é o mais importante, o único grande consolo na vida e o nosso principal apoio no meio de todos os ataques da adversa fortuna. A reflexão mais agradável que a imaginação humana pode

([LXXV]) Forma como são designados os membros da *Society of Friends*, uma sociedade cristã, fundada em Inglaterra, no século XVII, e que acreditam que todos têm acesso directo a Deus (aquilo a que Hume no ensaio "Da Superstição e do Entusiasmo" chama, dando precisamente o exemplo dos quacres, entusiasmo). Os quacres recusam todas as formas de autoridade eclesiástica ou rituais e têm uma longa tradição de oposição à guerra e de trabalho em prol da paz.

([12]) Lib. 6, cap. 54. [Políbio (c. 200-118 a. C.), historiador grego que na obra *Histórias* procurou descrever e explicar a expansão e domínio romano sobre o mundo mediterrânico antigo].

([LXXVI]) Forma como são também designados os cartagineses. O termo é, no entanto, usado mais vezes para referir as três Guerras Púnicas entre Roma e Cartago e que levaram à destruição desta última.

([13]) *Ifigénia em Táuride.*

sugerir é a do teísmo genuíno, que nos representa como a obra de um Ser perfeitamente bom, sábio e poderoso, que nos criou para a felicidade e que, tendo implantado em nós um desejo incomensurável pelo bem, prolongará a nossa existência por toda a eternidade e nos transportará para uma variedade infinita de cenários, a fim de satisfazer esse desejo e tornar a nossa felicidade completa e duradoura. A seguir ao desse Ser, o destino mais feliz que podemos imaginar (se a comparação for permitida) é o de estar sob a sua tutela e protecção.

Estas aparências, disse FÍLON, são bastante atraentes e sedutoras e, para o verdadeiro filósofo, são mais do que aparências. Mas, neste caso, como no anterior, para a maior parte da humanidade as aparências são enganadoras e os terrores da religião em geral prevalecem sobre os seus consolos.

Admite-se que os homens nunca recorrem com tanta facilidade à devoção como quando afligidos pelo sofrimento ou abatidos pela doença. Não é isto uma prova de que o espírito religioso não está tão intimamente associado à alegria quanto à tristeza?

Mas, quando aflitos, os homens encontram consolo na religião, respondeu CLEANTES. Às vezes, disse FÍLON. Mas é natural imaginar que formem uma noção desses Seres desconhecidos de acordo com a tristeza e melancolia do seu temperamento no momento em que se entregam à sua contemplação. Em consequência disso, vemos que as imagens aterradoras predominam em todas as religiões; e mesmo nós, após termos utilizado as mais nobres expressões nas nossas descrições da Deidade, caímos na mais absoluta contradição ao afirmar que o número dos condenados é infinitamente superior ao dos eleitos.

Atrevo-me a afirmar que nunca existiu uma religião popular que tenha representado o estado das almas que partiram a uma luz que tornasse a existência desse estado desejável para a humanidade. Tais modelos refinados de religião são o mero produto da filosofia. Pois, como a morte se situa entre o que vemos e a expectativa de futuro, esse acontecimento é tão chocante para a natureza que tem de lançar uma sombra sobre todas as regiões que estão para além dela e sugere à generalidade da humanidade as ideias de Cérbero([LXXVII]) e Fúrias([LXXVIII]), demónios e torrentes de fogo e enxofre.

É verdade que tanto o medo como a esperança entram na religião, porque estas duas paixões, em alturas diferentes, agitam a mente humana e cada uma delas forma uma espécie de divindade que lhe é adequada. Mas, quando um homem se sente bem, ele está inclinado para os negócios, para o convívio ou para qualquer espécie de divertimento, e dedica-se naturalmente a essas actividades e não pensa em religião. Quando está melancólico e abatido, tudo o que tem para fazer é meditar sobre os terrores do mundo invisível e mergulhar mais profundamente ainda na aflição. Pode realmente acontecer que, após ter assim gravado profundamente as opiniões religiosas no seu pensamento e imaginação, ocorra uma alteração da saúde ou das circunstâncias que restaure o seu bom humor e, ocasionando boas perspectivas de futuro, o faça cair no extremo oposto da alegria e triunfo. Mas, ainda assim deve-se reconhecer que, como o terror é o princípio primordial da religião, é essa a paixão que predomina nela e que só admite pequenos intervalos de prazer.

Para não mencionar que estes acessos de alegria excessiva e entusiástica, ao cansar os espíritos, preparam sempre o

---

([LXXVII]) Cão com três cabeças e cauda de dragão que, na mitologia grega, guarda a entrada do mundo subterrâneo ou *Hades*. A sua função era não deixar os mortos sair e os vivos entrar.

([LXXVIII]) As Fúrias (ou Erínias) são na mitologia greco-romana personificações femininas da vingança. São normalmente representadas em número de três, Alecto, Tisífone e Megera, que viviam no mundo subterrâneo, do qual saíam para perseguir os que cometiam crimes contra a sociedade humana, em particular, o assassínio de familiares.

caminho para acessos idênticos de supersticioso terror e desânimo; e que não há estado de espírito tão feliz como o calmo e uniforme. Mas é impossível que uma pessoa suporte este estado se pensa que se encontra numa escuridão e incerteza tão profundas, entre uma eternidade de felicidade e uma eternidade de miséria. Não é de admirar que uma tal opinião desarticule a estrutura comum da mente e a lance na maior das confusões. E, embora essa opinião raramente opere de forma tão constante que influencie todas as acções, é, no entanto, capaz de originar uma brecha considerável no temperamento e de produzir a tristeza e melancolia, tão notáveis em todas as pessoas devotas.

É contrário ao senso comum ter receios ou terrores devido a uma opinião, seja ela qual for, ou imaginar que no futuro corremos um risco pelo uso mais livre da nossa razão. Um tal sentimento implica tanto um *absurdo* como uma *inconsistência*. É um absurdo acreditar que a Deidade tem paixões humanas e uma das mais baixas paixões humanas: um apetite insaciável por aplausos. É uma inconsistência acreditar que, tendo a Deidade esta paixão humana, não tenha também outras e, em particular, um desprezo pelas opiniões de criaturas tão inferiores.

Conhecer Deus, diz Séneca([LXXIX]), *é adorá-lo*. Qualquer outra forma de adoração é, na verdade, absurda, supersticiosa e até ímpia. Degrada-o à condição inferior da humanidade, que se delicia com súplicas, pedidos, presentes e adulações. No entanto, esta é a menor impiedade de que a superstição é culpada. Normalmente, rebaixa a Deidade a uma condição

([LXXIX]) Séneca, Lucius Annaeus (c. 4 a. C.-65 d. C.), estadista, dramaturgo e filósofo estóico romano. Ao contrário da generalidade dos estóicos, interessou-se sobretudo por ética, em detrimento da lógica e da física. O que Séneca escreveu nas suas *Cartas Morais*, 95. 50, é um pouco diferente do que Hume diz: «*Primus est deorum cultus deos credere*» (O mais importante na adoração divina é acreditar nos Deuses).

muito inferior à humana e representa-a como um Demónio caprichoso, que exerce o seu poder de forma irracional e desumana! E se esse Ser divino estivesse disposto a ofender-se com os vícios e loucuras dos tolos mortais que são a sua própria obra, os adeptos das superstições mais populares estariam certamente em maus lençóis. Nenhum membro da raça humana mereceria o seu *favor* a não ser um pequeno número, os teístas filosóficos, que concebem, ou melhor, tentam realmente conceber uma noção adequada das suas perfeições divinas. Do mesmo modo, as únicas pessoas que teriam direito à sua *compaixão* e *indulgência* seriam os cépticos filosóficos – uma seita quase igualmente rara – que, devido a uma desconfiança natural nas suas próprias capacidades, suspendem ou tentam suspender todo o juízo a respeito de assuntos tão sublimes e extraordinários.

Se, como algumas pessoas parecem sustentar, a teologia natural se resolve na proposição simples – embora algo ambígua ou pelo menos indefinida – *de que a causa ou causas da ordem no universo têm provavelmente alguma analogia remota com a inteligência humana*; se esta proposição não for susceptível de extensão, de variação ou de uma explicação mais detalhada; se não fornece nenhuma inferência que afecte a vida humana ou que possa ser a fonte de qualquer acção ou abstenção; e, se a analogia, imperfeita como é, não pode ser levada além da inteligência humana nem transferida com alguma aparência de probabilidade às outras qualidades da mente; se este for realmente o caso, o que pode o homem mais inquisitivo, contemplativo e religioso fazer a não ser dar um claro assentimento filosófico à proposição, tantas vezes quantas ela ocorra e acreditar que os argumentos que a estabelecem superam as objecções que existem contra ela? Sem dúvida que alguma admiração resultará naturalmente da grandeza do objecto; alguma melancolia da sua obscuridade; algum desdém pela razão humana, que não pode solucionar de forma mais satisfatória uma questão

tão extraordinária e magnífica. Mas acreditai-me, Cleantes, o sentimento mais natural que uma mente bem intencionada experimentará nesta ocasião será um desejo ardente e uma expectativa de que o Céu se digne dissipar ou, pelo menos, aliviar esta profunda ignorância, proporcionando à humanidade alguma revelação particular e descobrindo-lhe algo da natureza, atributos e operações do divino objecto da nossa Fé. Uma pessoa que tenha uma compreensão adequada das imperfeições da razão natural lançar-se-á com a maior avidez na verdade revelada, ao passo que o arrogante dogmático, persuadido de que pode erigir um sistema completo de teologia com a mera ajuda da filosofia, desdenha de qualquer auxílio adicional e rejeita esta instrutora adventícia. Ser um céptico filosófico é, num homem de letras, o primeiro e o mais importante passo para ser um Cristão autêntico e convicto; uma proposição que de bom grado recomendaria à atenção de Pânfilo; e espero que Cleantes me desculpe por me intrometer tanto na educação e instrução do seu pupilo.

Cleantes e Fílon não continuaram muito mais com esta conversação e, como nada alguma vez fez maior impressão em mim do que todos os raciocínios desse dia, confesso que após uma revisão séria do todo não posso deixar de pensar que os princípios de Fílon são mais prováveis do que os de Demea, mas que os de Cleantes se aproximam ainda mais da verdade.

Bibliografia

Obras Filosóficas de Hume

L. A. Selby-Bigge (org.), *A Treatise of Human Nature*, Oxford: Clarendon Press, 1978 (*Tratado da Natureza Humana*, Lisboa: Gulbenkian, 2002).

Eugene F. Miller (org.), *Essays, Moral, Political, Literary*, Indianapolis: Liberty Classics, 1985 (*Ensaios Morais, Políticos e Literários*, Lisboa: I.N.-C.M., 2002).

L. A. Selby-Bigge (org.), *Enquiries concerning Human Understanding and concerning the Principles of Morals*, Oxford: Oxford: Clarendon Press, 1975 (*Investigação sobre o Entendimento Humano*, Lisboa: Edições 70, 1998).

J. Y. T. Greig (org.), *The Letters of David Hume*, Oxford: Oxford University Press, 1970.

R. Klibansky e Ernest C. Mossner (org.), *New Letters of David Hume*, Oxford: Oxford University Press, 1970.

H. E. Root (org.), *The Natural History of Religion*, Stanford: Stanford University Press, 1967.

Norman Kemp Smith (org.), *Hume's Dialogues concerning Natural Religion*, London: Thomas Nelson and Sons Ltd, 1947.

Obras sobre Hume

Barry Stroud, *Hume*, London: Routledge & Kegan Paul, 1977.

David Fate Norton, *David Hume: Common-Sense Moralist, Sceptical Metaphysician*, Princeton: Princeton University Press, 1982.

David Fate Norton (org.), *The Cambridge Companion to Hume*, Cambridge: Cambridge University Press, 1998.

David O'Connor, *Routledge Philosophy Guidebook to Hume on Religion*, London: Routledge, 2001.

J. C. A. Gaskin, *Hume's Philosophy of Religion*, London: Macmillan, 1988.
James Noxon, *Hume's Philosophical Development*, Oxford: Oxford University Press, 1973.
João Paulo Monteiro, *Hume e a Epistemologia*, Lisboa: I.N.-C.M., 1984.
João Paulo Monteiro, *Natureza, Conhecimento e Moral na Filosofia de Hume*, S. Paulo, 1975.
Norman Kemp Smith, *The Philosophy of David Hume*, London: Macmillan, 1941.

Obras sobre o argumento do desígnio

Michael Behe, *Darwin's Black Box: The Biochemical Challenge to Evolution*, New York: Free Press, 1996.
Michael Ruse, *Darwin and Design: Does Evolution Have a Purpose?*, Cambridge: Harvard University Press, 2003.
Neil A. Manson, *God and Design: The Teleological Argument and Modern Science*, London: Routledge, 2003.
Niall Shanks, *God, the Devil and Darwin: A Critique of Intelligent Design Theory*, Oxford: Oxford University Press, 2004.

Obras de introdução à filosofia da religião

Brian Davies, *An Introduction to the Philosophy of Religion*, Oxford: Oxford University Press, 2003.
J. J. C. Smart e J. J. Haldane, *Atheism & Theism*, Oxford: Blackwell, 1996.
J. L. Mackie, *The Miracle of Theism: Arguments for and Against the Existence of God*, Oxford: Oxford University Press, 1990.
Michael Palmer, *The Question of God: An Introductory Commentary and Sourcebook*, London: Routledge, 2001.
Richard Swinburne, *The Existence of God*, Oxford: Clarendon Press, 2004.
Richard Swinburne, *Será que Deus Existe?*, Lisboa: Gradiva, 1998.
Robin Le Poidevin, *Arguing for Atheism: Introduction to the Philosophy of Religion*, London: Routledge, 1996.

Índice remissivo